# Vivre avec des prothèses auditives ou des implants cochléaires

sous la direction de

## Marie-Agnès Cathiard

Association Académique
pour les Humanités
Academic Association
for the Humanities

## Entendre (2021)

### Illustration de couverture par An Dimitrov

*Si une couverture de livre est une invitation à la lecture, l'illustration de cet ouvrage
se devait d'être une invitation, elle aussi, à penser autrement la malentendance,
et le handicap en général. Dans le cas d'un handicap invisible, comme c'est le cas
du handicap auditif, le port d'une prothèse révèle la malentendance.*

*Lorsque j'ai découvert que ma vue avait baissé à l'adolescence,
et que le port de lunettes se faisait nécessaire,
une certaine forme de déni s'est mise en place.
Pendant plusieurs années, j'ai refusé de porter mes lunettes.
À la fois parce que ça me peinait d'admettre que ma vision n'était plus
aussi bonne que pendant mon enfance,
et aussi parce que je n'aimais pas mon visage avec des lunettes.
C'est lorsque j'ai trouvé une forme de lunettes qui me plaisait
que j'ai pu prendre l'habitude de les porter quotidiennement.*

*Cette expérience personnelle m'a permis de comprendre
que la prothèse se vit comme une extension de soi ;
et que le handicap est souvent ressenti comme une difficulté
qu'on a du mal à s'avouer.
Tout comme j'ai appris à vivre avec ma myopie,
à aimer mon visage avec des lunettes, et même à me réapproprier ma vue
(voir flou de loin me donne une meilleure appréciation des masses colorées
lorsque je peins), je souhaite la même positivité
à toute personne vivant avec une prothèse.*

*Apprendre à vivre son handicap comme « sa façon de ressentir le monde »
plutôt que « moins bien ressentir le monde »
est une manière très forte de chérir sa propre perception.*

# Vivre avec
# des prothèses auditives
# ou des implants cochléaires

sous la direction de

## Marie-Agnès Cathiard

*Publication sous l'égide*
du consortium Corps & Prothèses

Association Académique pour les Humanités – AAH

Édition : BoD – Books on Demand
12/14 rond-point des Champs-Élysée, 75008 Paris
Impression : BoD – Books on Demand, Norderstadt, Allemagne

ISBN : 9782322392544

**Dépôt légal :** février 2022

*À **Patrick Pajon**, disparu en juin 2020.*

*Nous avons travaillé pendant près de 10 ans,
au sein du Centre de Recherches sur l'Imaginaire
puis de l'UMR Litt&Arts-Université Grenoble Alpes,
sur les imaginaires des techniques, du corps et du cerveau.*

*En souvenir d'une collaboration fructueuse et dynamique
qui nous a permis de porter plusieurs projets
et d'animer de nombreux séminaires,
dont celui-ci, objet de cet ouvrage.*

# Introduction

Cet ouvrage correspond aux échanges qui ont eu lieu lors de la neuvième séance organisée en avril 2019 à Grenoble par le collectif Corps & Prothèses[1] qui existe depuis 2017 et dont l'enjeu principal est d'ouvrir des fenêtres de réflexion sur les expériences singulières liées à l'utilisation de différentes technologies d'assistance au corps, que ce soit sur le plan moteur (prothèses de membres, fauteuils...), au niveau sensoriel (prothèses auditives ou implants cochléaires, implants rétiniens...) ou à un niveau plus interne (implants mammaires, cardiaques...). Ce collectif de chercheurs de disciplines variées se retrouve sur la notion de terrain et de vécus subjectifs, et dans une approche transdisciplinaire aux croisements de la sociologie, l'anthropologie, la philosophie, l'éthique, l'ingénierie médicale, la médecine et les sciences de la santé.

Il s'agissait dans ces journées d'offrir un espace d'échange entre des chercheurs et professionnels de santé travaillant dans le domaine de la surdité et des personnes malentendantes (non appareillées, appareillées ou implantées) et d'écouter le vécu de ces dernières, qui ont acquis un déficit auditif à la suite de maladies, d'accidents sonores, de prise de médicaments ototoxiques ou encore du fait de leur âge.

Les personnes malentendantes sont estimées en France à environ 5.5 millions (Haeusler Laval et Millot, 2014)[2], dont la grande majorité d'entre elles (99%) ont pour objectif de continuer à communiquer dans leur langue maternelle, le français oral. Parmi ces 5,5 millions de personnes ayant une surdité moyenne à profonde, 1,1 million porte une prothèse auditive, mais on estime que plus de 2 millions en auraient besoin. Avec l'évolution de la réforme de janvier 2019 conduisant cette année au reste à charge zéro pour les appareils auditifs de classe 1, le taux d'équipement devrait progresser.

---

1   Site du collectif Corps et Prothèses, vécus, usages, contextes : www.corps-protheses.org

2   Selon ce rapport, 10 millions de personnes en France signaleraient une gêne auditive (gêne à l'écoute en milieu bruyant, surdités de légère à totale, acouphènes et hyperacousie), cf. Haeusler L., De Laval T. et Millot C. (2014). *Étude quantitative sur le handicap auditif à partir de l'enquête « Handicap-Santé »*. Document de travail Série Études et Recherches, n°131, DREES.

Rappelons que le handicap auditif est un handicap qui ne se voit pas, qui est souvent mal compris par l'entourage familial et professionnel et qui gêne rapidement la vie sociale des individus. Le port de prothèses auditives ou d'implants cochléaires avec une prise en charge pluridisciplinaire peut permettre d'améliorer nettement la qualité de vie sociale, professionnelle et culturelle des devenus-sourds. Il permet aussi de lutter efficacement contre le déclin cognitif observé chez les personnes malentendantes. Mais les freins à l'appareillage sont nombreux et on observe que la décision qui conduit au port d'une prothèse ou d'un implant cochléaire est une décision qui ne va pas de soi. Parmi ces freins, on peut relever dans le grand public les représentations négatives des prothèses, que ce soit en raison de leur coût, ou parce qu'elles sont jugées insuffisamment efficaces, notamment en situation bruyante, ou simplement parce qu'elles sont vécues comme un marqueur de vieillissement. Au niveau des médecins traitants, voire des médecins ORL, on peut aussi remarquer une connaissance insuffisante des nouveaux dispositifs (notamment en matière d'implant cochléaire et d'implant d'oreille moyenne) qui peut conduire à un retard d'orientation des patients vers les centres qui pourraient proposer ces aides techniques.

Ces représentations négatives et cette méconnaissance mettent en évidence la nécessité de prendre en charge la personne malentendante de manière pluridisciplinaire et surtout de l'accompagner dans son adaptation à l'appareillage. Cet accompagnement se fera ainsi par un travail d'équipe entre le médecin ORL, l'audioprothésiste, l'orthophoniste, voire le psychologue. Mais la pairémulation est également nécessaire à l'acceptation du déficit auditif et à la mise en place de stratégies permettant de retrouver une communication langagière et une vie culturelle et sociale satisfaisante. C'est pourquoi nous avons fait intervenir tous les acteurs pouvant nous offrir une vision la plus ouverte possible : médecin ORL, chirurgien ORL, audioprothésiste, orthophoniste, régleur d'implant cochléaire, mais aussi médecin épidémiologiste, philosophes, chercheur en perception multisensorielle, ainsi qu'une interface de communication et un guide de musée. Et bien évidemment les personnes concernées au premier plan que nous remercions encore de leurs témoignages : personnes malentendantes appareillées et/ou implantées, pour certaines impliquées dans l'accompagnement des personnes malentendantes au sein d'associations, conjoint de personne malentendante, adultes malentendants au travail et collègue entendant de travail.

Les intervenantes et intervenants ont accepté de revoir leur texte en conservant dans une large majorité le caractère oral de leur conférence ou de leur témoignage, ainsi que les questions-réponses avec le public, pour une lecture plus vivante. La dizaine de témoignages qui nourrissent les différentes sections de cet ouvrage permettront de mieux comprendre ce que signifie de perdre en partie ou totalité les sensations sonores du monde dans lequel on vit, quel travail de construction d'une nouvelle 'perception prothésée' et quelles stratégies il est nécessaire de mettre en place pour continuer à communiquer à l'oral avec son entourage familial, amical et professionnel.

Marie-Agnès Cathiard et Patrick Pajon

# Partie 1

## Quand la prothèse devient nécessaire

# Panorama des surdités de l'adulte

*Anne Rivron*

Médecin ORL, CHU Grenoble

J'ai l'honneur d'introduire cette journée. Je me suis demandé comment j'allais aborder ce « panorama des surdités de l'adulte » qui est un vaste sujet. J'ai pris le parti de revenir sur des aspects fondamentaux du fonctionnement du système auditif, car je ne sais pas ce que vous connaissez les uns et les autres, avant de parler de la surdité elle-même.

En introduction, sachez que l'on compte 6 à 7 millions de sourds ou malentendants en France, qui représentent environ 9 à 11% de la population française, avec un accroissement exponentiel : plus de 80 000 nouveaux cas par an, de ceux qui sont recensés, car l'identification des personnes malentendantes reste très sous-estimée ; selon l'INSEE 30% seulement de celles-ci seraient appareillées. Un enfant sur 1000 naît malentendant à la naissance, ces enfants vont aussi grandir puis vieillir, avec peut-être aussi une évolution de leur surdité, donc je considère qu'on peut les inclure aussi dans les surdités de l'adulte. À 50 ans, une personne sur cinq aurait au moins une déficience légère, ce qui signifie qu'elle peut avoir des difficultés de perception et de compréhension, et à 80 ans cela concernerait une personne sur deux. Avec l'accroissement du vieillissement de la population, on peut s'attendre effectivement à des chiffres beaucoup plus importants dans l'avenir.

La surdité est définie par une perte ou une baisse des capacités de perception auditive. Lorsque que les gens viennent nous voir pour identifier cette perte auditive dont ils s'inquiètent, notre rôle va être de définir de combien est cette baisse dans l'oreille, à quel endroit ça se situe dans le système auditif, pour quelles raisons et enfin ce qu'on peut faire pour y remédier. Évidemment les problématiques vont être très différentes en fonction de l'âge, du degré et du type de perte, et en fonction de la cause avec notamment le risque évolutif, qui reste une inquiétude majeure pour les personnes malentendantes. À tous les âges, l'enjeu est la perception du monde sonore et bien sûr la communication orale.

Je vais donc vous faire un balayage panoramique de la surdité avec différents regards, mais je vais d'abord expliquer le fonctionnement de l'oreille. Je choisis d'aborder la surdité selon la localisation du problème dans l'organe de l'audition, selon le degré de surdité, selon sa cause et selon les conséquences, pour vous donner des éléments de compréhension.

Nous recevons et captons les sons par notre pavillon et le conduit auditif externe qui forment l'oreille externe[3]. Au fond du conduit, le tympan est une membrane vibrante, qui va recevoir les vibrations acoustiques, les transmettre à la chaine des osselets comportant le marteau, l'enclume et l'étrier, suspendus dans une cavité aérienne qui forme l'oreille moyenne, chargée de transmettre ces vibrations à l'oreille interne. Dans celle-ci, la cochlée est l'organe de l'audition, intimement liée à l'organe de l'équilibration : le vestibule, ce qui explique parfois des pathologies conjointes associant des vertiges ou troubles de l'équilibre à un trouble de l'audition. Enfin, depuis cette cochlée, le message sonore est transmis au nerf auditif puis vers les voies centrales, jusqu'au cortex auditif situé dans la région temporale avec aussi de multiples interconnexions avec d'autres zones du cerveau, notamment les zones du langage, de la mémoire, de l'affect, etc.

Vous l'avez compris, nous avons d'abord un appareil dit de transmission, qui va en fait recueillir et transformer ces vibrations sonores pour les présenter ensuite au système de perception. L'oreille interne va avoir pour rôle de détecter le son et d'en faire un codage, transmis ensuite au nerf auditif et aux voies centrales qui vont avoir pour fonction dans les premiers relais d'effectuer un classement des informations puis une intégration.

Sachez que l'oreille interne est aussi capable de recevoir les sons directement par notre boite crânienne. C'est ce qu'on appelle la conduction osseuse, utilisée dans les méthodes de mesure de l'audition dont nous reparlerons plus tard.

Très schématiquement les pertes auditives qui concernent la partie de l'appareil de transmission, soient l'oreille externe et l'oreille moyenne, s'appellent des surdités de transmission. Dans ce cas, vous pourrez avoir une atteinte du conduit auditif externe, une atteinte du tympan qui peut être perforé par exemple ou une atteinte des osselets. Les surdités de perception, qui touchent l'oreille interne ou surdités cochléaires, représentent la majorité des surdités de l'adulte. On parlera plutôt de neuropathies pour les atteintes du nerf auditif, qui ne sont pas – de loin - les plus fréquentes. On parle d'une atteinte centrale quand on se situe sur les voies nerveuses. Enfin on peut avoir une combinaison de l'atteinte de deux systèmes, c'est ce qu'on appelle

---

3   Pour visualiser les différentes parties de l'oreille que nous évoquerons par la suite, vous pouvez vous référer à http://www.cochlea.org/audition/oreille ou https://www.surdi.info/loreille-et-son-fonctionnement/

une surdité mixte. Dans les surdités de transmission, les pertes sont légères à moyennes seulement, avec une prédominance sur les sons graves contrairement aux surdités de perception, allant de perte légère à profonde, qui prédominent plus souvent sur les sons aigus.

Dans la surdité de transmission, on peut avoir des solutions de réparation chirurgicale, souvent possibles. Ce n'est pas le cas des surdités de perception pour lesquelles il faudra avoir recours à la prothèse ou à un implant.

Rentrons un moment au cœur de l'organe de Corti[4], l'organe noble du système auditif, divisé en 3 rampes dans lesquelles circulent des liquides qui vont vibrer sous l'effet piston du dernier osselet de l'oreille moyenne, l'étrier. Dans l'une de ces rampes, l'organe de Corti contient les cellules sensorielles dites cellules ciliées, qui transmettent ensuite l'information vers le nerf auditif. Cet organe de Corti est fixé à une membrane, appelée la membrane basilaire, qui s'enroule dans la cochlée et va se mettre à vibrer avec pour chaque fréquence une zone précise de vibration. Grâce à cette vibration, les cellules sensorielles dites cellules ciliées sont stimulées, ce qui va déclencher un signal dans les fibres du nerf auditif correspondant aux fréquences détectées, pour l'envoyer ensuite vers les voies nerveuses.

Très schématiquement les cellules ciliées internes, alignées sur une rangée, ont un rôle plutôt quantitatif. Les cellules ciliées externes, alignées sur 3 rangées ont, elles, un rôle très qualitatif. Ce sont elles qui vont être responsables de l'amplification des sons faibles, mais aussi de la très forte sélectivité en fréquence permettant de percevoir de manière très précise la fréquence d'un son, et donc une bonne discrimination essentielle pour la compréhension. Le rôle de la cochlée est d'effectuer un codage de l'information sonore, notamment sa hauteur (fréquence), son intensité et sa temporalité, codage qui permet de passer d'un son à l'autre.

Mais le capital de ces cellules ciliées, donné à la naissance, est fixe et non renouvelable. Contrairement à d'autres organes, il n'y a pas de réparation cellulaire possible. D'où l'importance de préserver ses oreilles dès le plus jeune âge. Lorsque vous avez une perte des cellules ciliées externes, par exemple dans des atteintes toxiques, vous conservez une perception sonore par les cellules ciliées internes, mais vous aurez une qualité de perception mauvaise. L'existence de zones mortes en cellules ciliées externes complique l'appareillage par les audioprothésistes.

Si le traitement du son dans la cochlée ne peut plus être correctement fait, les centres nerveux de niveau supérieur n'arriveront pas forcément à corriger la perception défectueuse. D'où des distorsions importantes de la sensation de

---

4  Cf. http://www.cochlea.eu/cochlee/organe-de-corti, pour des illustrations

hauteur, qui sont responsables des troubles d'intelligibilité, mais aussi des distorsions d'intensité, responsables de ce qu'on appelle le recrutement. Si l'oreille ne parvient plus à s'adapter rapidement aux variations d'intensité, ou variations de sonie, cela peut conduire à une sensation d'agression sonore. Les distorsions temporelles entraînent aussi une perte d'intelligibilité. Une grande fatigabilité s'installe suite à ces distorsions.

Pour déterminer une perte auditive, on fait une mesure d'audiométrie, qui est une mesure subjective : le patient dit ce qu'il entend. On note la quantité de son perçu pour une fréquence donnée : c'est ce qu'on appelle l'audiométrie tonale[5]. On va tester la perception avec un casque, ce qui va permettre de mesurer la conduction aérienne en présentant le son à droite ou à gauche. On peut faire les tests avec un vibreur pour tester la conduction osseuse, ce qui permet de stimuler les deux oreilles en même temps sans passer par l'oreille moyenne. L'audiométrie tonale permet d'établir un profil de courbe auditive. Elle permet aussi de faire une distinction entre le mécanisme de transmission ou le mécanisme de perception.

L'audiométrie dite vocale permet enfin d'évaluer la compréhension, par des tests où on va faire répéter des syllabes, des mots ou des phrases, pour voir ce qui est compris. On peut effectuer ces tests dans le silence ou dans le bruit, pour affiner les troubles de compréhension, mais l'évaluation reste parfois difficile et incomplète.

Ces mesures d'audiométrie peuvent être complétées par des mesures objectives, électrophysiologiques, qui permettent d'explorer le fonctionnement de la cochlée, du nerf auditif ou des voies centrales. Elles n'impliquent pas de participation active et peuvent avoir un intérêt quand on sent que la personne n'est pas fiable sur le plan cognitif par exemple ou s'il y a besoin d'expertise.

Sur un audiogramme, la perte auditive est indiquée en décibels sur l'axe vertical et on trouve les fréquences testées sur l'axe horizontal. L'oreille humaine est capable de percevoir des fréquences de 20 Hz à 22 000 Hz. Mais ce sont les fréquences entre 80 Hz et 8 000 Hz qui sont importantes pour la compréhension de la parole et les bruits de la vie courante. Pour la musique, on aura besoin des fréquences hautes. Quand la courbe se situe entre 0 et 20 dB de perception, on considère qu'on est dans la normalité. Une perte légère se situe entre 20 et 40 dB, une perte moyenne entre 40 et 70 dB, une perte sévère entre 70 et 90 dB et une perte profonde au-delà de 90 dB avec différents degrés. Enfin la cophose signifie la perte complète de toute perception auditive.

---

5  Cf. http://www.cochlea.eu/exploration-fonctionnelle/methodes-subjectives pour des explications complémentaires avec illustrations

Il existe différents profils de surdité. Quelques exemples. Perte légère ou moyenne sur les fréquences graves, typiques des surdités de transmission. Perte progressive sur les aiguës, typique de la presbyacousie, qui est le vieillissement de l'oreille, mais qu'on trouve aussi chez des personnes jeunes. Perte centrée sur une seule fréquence, comme à 4 000 Hz, dans les traumatismes sonores, perte qui pourra s'élargir ensuite à d'autres fréquences. On peut avoir une perte dite 'en pente de ski' avec une bonne perception des fréquences graves et une perte importante et brutale dans les fréquences aiguës entraînant de grosses difficultés d'adaptation d'appareillage auditif. On peut avoir des courbes en U avec les fréquences conversationnelles qui sont les moins bien perçues, alors que la perception des graves et des aigus est préservée, ce qui est bien pour la perception de l'environnement sonore, mais pas pour percevoir la parole. Ce sont des courbes présentes dans les surdités qui fluctuent ou assez fréquemment dans des surdités génétiques. En fait tous types de courbes peuvent exister.

Pour représenter la compréhension, c'est beaucoup plus difficile. On se base beaucoup sur le 50 % d'intelligibilité qui va correspondre au seuil d'audiométrie tonale. S'il suffit d'augmenter l'intensité pour avoir une bonne perception, la perte pourra être compensée par un appareillage assez facilement. Mais selon le profil de surdité, augmenter le niveau sonore, même avec un traitement spécifique du son par des réglages fins des appareils, ne permettra pas forcément d'améliorer la compréhension, parfois même la compréhension diminuera avec l'augmentation de l'intensité.

L'asymétrie de la surdité est importante à considérer, car on peut avoir un déséquilibre important entre les deux oreilles, avec une oreille normale ou moins sourde d'un côté par rapport à l'autre, ce qui va altérer la « binauralité », avec une perte de la stéréophonie. Celle-ci va entraîner des difficultés de localisation spatiale du son, ce qui majore les difficultés de décodage dans le bruit. Également une perte de l'effet de sommation : le fait d'avoir une stéréophonie correcte rajoute 5 à 6 dB de perception auditive. L'effet délétère de l'asymétrie de la surdité est d'autant plus important que la perte va être brutale, par manque d'un temps d'adaptation suffisant.

Regardons maintenant la surdité selon l'évolutivité. On fait une distinction importante dans le profil de surdité selon qu'elle est progressive, brutale ou fluctuante. La très grande majorité des surdités sont progressives, la personne va s'apercevoir de sa mauvaise compréhension dans le bruit, puis lors de conversations à plusieurs, ou avoir des difficultés professionnelles ; mais des processus d'adaptation vont pouvoir se mettre en place petit à petit, notamment la suppléance par la lecture labiale, le recours aux autres sens pour compléter les informations avec plus ou moins de fatigabilité selon les cas. La consultation pourra être très tardive, car la personne compense ses difficultés auditives. En cas de perte brutale, comme lors de traumatismes par fracture par exemple, la personne n'a pas le temps de s'adapter. Parfois la cause de la surdité brutale n'est pas trouvée et elle est attribuée à des phénomènes vasculaires. Il peut y avoir aussi des causes infectieuses. Différentes encore sont les surdités fluctuantes avec une mise en place des suppléances souvent perturbée par les variations de la perception, avec un réglage difficile de l'appareillage.

On ne peut pas parler de surdités sans parler des acouphènes qui perturbent considérablement la compréhension. Un acouphène est la perception d'une sensation sonore en dehors de toute stimulation acoustique, qui est inaudible par l'entourage. C'est une anomalie du système auditif - on ne sait pas toujours très bien à quel endroit elle démarre - qui va finir par être mémorisée par notre cerveau auditif. L'acouphène peut devenir très prégnant dans la vie quotidienne. Il est associé dans 75% des cas à une perte auditive. Il concerne 10% de la population. L'acouphène engendre des problèmes tels que des troubles du sommeil, de l'irritabilité, du stress, avec des répercussions multiples dans le quotidien des personnes.

L'hyperacousie est un problème différent de celui des acouphènes. Il s'agit d'une perception désagréable, anormalement forte, des bruits perçus. Cette hyperacousie complique la réhabilitation auditive.

Les vertiges et les troubles de l'équilibre peuvent correspondre à une atteinte de la fonction vestibulaire, aux causes très variées. On peut avoir une pathologie conjointe de l'oreille interne et du vestibule, ou des pathologies séparées ou parfois des pathologies associées, mais dont une seule s'exprime. D'où l'intérêt, à chaque fois qu'un patient a des vertiges, de réaliser un bilan auditif ; il pourrait aussi être intéressant de réaliser systématiquement un bilan vestibulaire en cas de trouble auditif. Parfois dans les traumatismes aigus, les vertiges sont tellement désagréables et au premier plan, qu'on peut finir par oublier de s'occuper de la perte auditive.

En ce qui concerne les causes de surdité chez l'adulte, on trouve bien sûr la presbyacousie qui n'est pas une maladie, mais correspond au processus de vieillissement naturel de nos oreilles, entraînant une baisse des capacités auditives due à l'âge. Il s'agit généralement d'une perte bilatérale et symétrique qui prédomine sur les fréquences aiguës, pas forcément très importante en quantité, avec surtout des altérations qualitatives, avec des distorsions d'intensité, des pertes de discrimination en fréquences et des difficultés majeures de décodage dans le bruit. Les tests d'audiométrie vocale sont souvent très dégradés : il s'agit en fait d'un vieillissement de tous les processus périphériques et centraux, non seulement de l'oreille interne cochléaire, mais aussi des processus plus cognitifs.

N'oublions pas les traumatismes. Le traumatisme sonore, unique ou répété, est une grande cause de surdité de l'adulte. Les effets de l'exposition au bruit, ponctuelle ou très répétée, sont bien connus en milieu professionnel. On s'inquiète de l'augmentation des pathologies liées aux loisirs et de voir les plus jeunes avec sans cesse du bruit dans leurs oreilles ; de même que le fait de vivre dans un monde de plus en plus bruyant. La santé auditive des jeunes est un grand point d'interrogation, la perte précoce est certainement sous-estimée, car on voit encore peu de jeunes en consultation. On peut avoir aussi des traumatismes par hyperpression ou barotraumatismes, qui exposent brutalement l'oreille à des variations de pression, de la simple gifle à l'accident de plongée ou l'exposition à une explosion. Ces surdités par traumatismes sont souvent associées à des acouphènes. Enfin il peut y avoir des traumatismes directs par fracture, en cas de chute par exemple, fréquemment responsables de perte complète (l'implant cochléaire peut être d'un grand secours dans ces cas), mais aussi des microtraumatismes non visibles à l'imagerie. Il peut y avoir le traumatisme chirurgical dans le cas d'oreilles multiopérées pour réparer le tympan, les osselets, après une infection, une tumeur, etc.

Quelques mots sur les maladies propres à l'oreille. L'otospongiose est une maladie fréquente, qui au départ va bloquer l'étrier, donc être plutôt responsable d'une surdité de transmission, mais qui va s'étendre petit à petit à la cochlée, amenant une surdité de perception. C'est une surdité évolutive fréquente de l'adulte. Il y a aussi les maladies professionnelles de l'adulte, comme la maladie de Ménière, qui associe surdité, vertiges et acouphènes. Mais on a souvent des formes atypiques pressionnelles donnant des surdités fluctuantes, avec des poussées évolutives qui vont dégrader l'oreille interne au cours du temps.

Citons également d'autres causes. Les causes toxiques, souvent liées à des médicaments comme certains antibiotiques (qu'on n'utilise pas en pratique courante cependant), l'aspirine à forte dose, la nivaquine, etc. Parmi les causes infectieuses qui ne sont pas rares, les méningites sont pourvoyeuses de surdité très importante et problématique car de survenue brutale. Des maladies générales, immunitaires ou inflammatoires, qui touchent d'autres organes, peuvent être responsables de surdité. Les causes vasculaires sont souvent des diagnostics par défaut, car accéder à l'oreille interne et à sa microcirculation est difficile en termes d'imagerie. Il existe également des atteintes du nerf auditif. On parle de neuropathie lorsque c'est une atteinte fonctionnelle. On peut avoir une tumeur dont une, bénigne et plus fréquente, le neurinome de l'acoustique, qui peut s'opérer.

Les surdités génétiques, qui débutent souvent dans l'enfance, légères ou moyennes, peuvent évoluer à l'âge adulte. Il y a des surdités qui sont programmées pour être évolutives, c'est-à-dire qu'un gène fera apparaître une surdité à l'âge adulte. Des surdités génétiques peuvent bien évidemment s'associer à toutes les causes évoquées précédemment. Enfin il y a sans doute une prédisposition génétique qui rend plus sensible au déclin cognitif lié à l'âge, plus sensible aux toxiques, au bruit. Nous ne sommes sans doute pas égaux vis-à-vis des agressions extérieures liées à l'environnement. Il faut savoir que la recherche de la cause génétique peut être faite à tout âge.

Un mot sur les conséquences de la perte auditive. On peut résumer en disant que la personne malentendante va perdre la perception du son en intensité et la bonne discrimination fréquentielle et temporelle, modifier la bonne localisation spatiale et stéréophonique si la perte est asymétrique, moins bien comprendre dans le bruit, parfois perdre les fonctions d'alerte nécessaires à sa sécurité, modifier la perception et la production de sa voix.

Les principales conséquences sont sociales et psychologiques, car la personne devenue sourde va longtemps cacher son handicap invisible, responsable de souffrances dans la vie familiale, affective, sociale et professionnelle. Le risque est de restreindre les activités, s'isoler, avec toutes les conséquences que cela entraîne.

Les autres orateurs de cette journée sauront en parler mieux que moi.

## Questions de la salle

*Comment peut-on traiter l'hyperacousie isolée ?*

Anne Rivron : Il n'y a pas à ce jour de traitement médicamenteux. La problématique de l'hyperacousie, comme celle des acouphènes, est qu'il y a une mémorisation au niveau cérébral avec un mécanisme d'alerte qui rend insupportables certains bruits. On propose surtout des thérapeutiques qui visent à contourner le problème en essayant d'améliorer la tolérance de l'hyperacousie ou de l'acouphène.

*Qu'en est-il des jeunes et moins jeunes qui écoutent beaucoup de musique et autres sons directement dans les oreilles ?*

Anne Rivron : Je n'ai pas de statistiques récentes d'évolution. On peut peut-être imaginer que notre cerveau et nos organes auditifs vont pouvoir s'adapter aux niveaux sonores actuels. Mais d'après des études menées dans des classes, on repère déjà des pertes dans les aigus chez des jeunes. La question est de savoir s'ils consulteront suffisamment tôt. C'est une grande interrogation.

# Les prothèses auditives : apports, limites et évolutions

*Adrien Christophe*

*Audioprothésiste, Grenoble*

Je vais vous parler d'appareils auditifs en général et plus précisément de leurs apports, limites et évolutions. J'aimerais commencer par reformuler ces trois mots, car comme on l'a vu avec le docteur Rivron, le déficit auditif, c'est la perte de quelque chose, et on imagine parfois, quand on regarde la publicité, qu'un appareil va miraculeusement remplacer tout cela. Ce n'est pas le cas. Quand on parle d'apports, on parle de ce que l'appareil va pouvoir compenser. Quand on parle de limites, on parle de ce que l'appareil ne pourra pas compenser. Enfin quand on parle d'évolutions, il faut identifier comment aller plus loin.

## Rôle et fonctionnement de l'appareil auditif

L'appareil auditif est un outil qui apporte une aide à l'oreille, mais sans la remplacer. La définition de la prothèse auditive, selon la sécurité sociale, est que c'est un dispositif médical qui va compenser, au moyen d'une amplification, les pertes d'audition. Le terme « compenser » signifie qu'on va ajouter quelque chose, mais sans remplacer l'oreille. L'amplification est le moyen d'action de l'appareil auditif.

Une bonne audition est comprise généralement entre 0 et 20 dB et les pertes les plus fréquentes sont celles qui sont axées sur les fréquences aiguës. Le principe de base d'un appareil est de remonter l'audition tout simplement, de rendre le plus possible ce qui manque. Le premier principe de fonctionnement est que l'appareil auditif va remonter la perception en s'adaptant aux différentes fréquences. Il s'agit de rajouter ce qui manque dans les bonnes proportions pour équilibrer au mieux.

Le second principe fondamental de l'appareillage auditif est qu'il va apporter une amplification qui sera proportionnée. On sait qu'on a du mal à entendre les sons faibles alors que les sons forts seront perçus. L'appareil a tout intérêt à s'adapter à cela. Quand les sons sont faibles, l'appareil va les rehausser davantage, quand les sons sont forts, l'appareil va moins réagir. On peut donc dire que l'amplification est différente selon la fréquence et selon le niveau. En tant qu'audioprothésistes, on modifie pour chaque fréquence ce qu'on donne comme amplification.

Le dernier principe d'un appareil auditif est le MPO (*maximum power output*), soit le niveau de sortie maximum. Son principe est une protection de l'oreille puisque, quand on passe d'un son faible à un son fort, il y a un délai d'adaptation de l'oreille et le risque est la suramplification. Le principe du MPO est de couper ce qui dépasse pour ne jamais donner plus que ce qu'on a prévu.

### Les limites d'un appareil auditif

Nous allons maintenant parler des limites, de ce que l'on ne peut pas compenser avec un appareil auditif. La première chose est que perdre de l'audition n'est pas seulement perdre de la puissance, c'est aussi perdre de la finesse. Dans l'oreille interne, on a parlé des cellules ciliées et notamment des cellules ciliées externes. Leur rôle est de se contracter quand elles reçoivent un son et cette contraction occasionne un pic, qui est à la fois très haut et très fin. Ainsi cela permet de séparer deux sons très proches, car on aura deux pics séparés sans aucun problème. Quand on perd de l'audition, on perd ces cellules et donc il y a une contraction beaucoup moins bonne, moins haute et plus large. Cela rendra plus difficile la séparation de deux sons. On perd la discrimination fréquentielle. On arrive beaucoup moins bien à discriminer les sons.

La deuxième limite qu'on va rencontrer, c'est une perte d'audition ancienne. Il faudra appareiller avec plus de puissance, donc souvent avec un appareillage assez gros, ce qui n'est pas toujours bien accepté. Il peut y avoir aussi un risque de larsen, de sifflement, dû à une forte amplification. Cela signifie aussi une baisse de confort, car on va changer les habitudes de la personne et ce sera peut-être compliqué de s'habituer. Le second problème d'une perte tardivement traitée est le manque de stimulation cérébrale. Retrouver certains sons peut être compliqué pour le cerveau qui s'est habitué à ce que vous n'entendiez plus. Retrouver la perception des sons pourra prendre du temps. Ce sera toute l'importance de la rééducation auditive.

En conclusion, un appareil auditif ne guérit pas l'oreille, il ne remplace pas ce qui manque. Il peut compenser certaines choses, mais pas en totalité.

## *Les fonctions supplémentaires*

Il y a quand même certaines fonctions supplémentaires dans les appareils, outre l'amplification, qui permettent de compenser en partie certaines de ces limites.

La première de ces fonctions est l'abaissement fréquentiel. En cas de perte importante sur les aigus par exemple, plutôt que d'amplifier fortement ces fréquences, ce qui sera mal supporté, on va abaisser les fréquences en les prenant et en les mettant ailleurs à un endroit où on aura moins besoin d'amplifier. On aura ainsi plus de chance d'adaptation. Cette technique a des avantages et aussi des inconvénients. Car on peut récupérer certaines fréquences qui auraient été perdues, mais cela ne se fait pas impunément puisque le cerveau attribue à chaque fréquence un son. La technique de l'abaissement fréquentiel va changer cette perception. On pourra avoir des confusions, typiquement entre les « s » et les « ch » : le mot 'saucisson' pourra être compris « chauchichon ». Mais c'est mieux que de ne pas comprendre du tout ! C'est une solution intéressante, encore une fois sous réserve de rééducation.

La deuxième fonction supplémentaire – présente aujourd'hui dans tous les appareils – est la directivité. De base, un appareil capte à peu près tout ce qui se passe autour de vous, autant devant que derrière, pour qu'il soit possible d'entendre un maximum de choses qui se passent. Sauf que si vous avez du bruit derrière et quelqu'un qui vous parle devant, ça va poser un souci. L'appareil peut détecter cela et changer la directivité de manière à récupérer surtout l'information qui se passe devant vous en faisant une présélection. Mais ça ne coupe pas les bruits qui sont derrière, ça donne un meilleur mélange. On n'est plus à 50% devant, 50% derrière, mais peut-être à 70%-30%. On ne sera jamais à 100% et 0%. C'est une aide, mais on ne peut pas faire complètement le travail à la place de l'oreille.

La troisième fonction supplémentaire est le réducteur de bruit statique. En présence d'un bruit constant, monotone – par exemple un bruit de route au loin, un bruit de ventilation –, l'appareil peut le détecter et le baisser en partie, ce qui donne un petit coup de pouce à l'oreille et au cerveau pour faire le reste du travail afin de séparer les voix de ce bruit.

Dernière fonction qui est présente aujourd'hui dans quasiment tous les appareils : le traitement binaural. On utilise les deux appareils, qui vont échanger des informations. Le but est que si l'un des appareils reçoit du bruit, l'autre appareil puisse corriger cette asymétrie sonore, en privilégiant le bon côté au maximum.

## *L'évolution des appareils*

Nous allons maintenant parler de l'évolution des appareils à l'heure actuelle.

La première est la possibilité de recharger l'appareil. En soi ce n'est pas une évolution récente, mais en 2017-18, les rechargeables ont beaucoup évolué avec une meilleure fiabilité. Leur premier intérêt est leur facilité de manipulation puisqu'on n'aura pas de piles à changer. Au quotidien c'est plus simple. Le second intérêt est un gain en termes d'autonomie. De plus en plus d'appareils d'aujourd'hui peuvent être connectés à des sources externes, et avec le *bluetooth* il y a la possibilité de connecter un téléphone portable pour recevoir directement les appels dans vos appareils. Le gain en qualité est important, car on est au téléphone en stéréo et l'audition est corrigée. C'est le cas pour les appels, la musique, la vidéo. L'autre avantage du *bluetooth* est d'avoir une application qui permet de modifier les réglages en temps réel. On pouvait le faire sur les anciens appareils, mais avec moins de discrétion et aussi moins de facilité puisqu'il fallait manipuler les boutons de la prothèse. Cela permet aussi de ne pas mettre l'accent sur les appareils auditifs puisqu'on ne touche plus aux appareils. Mais le *bluetooth* consomme d'où l'intérêt d'avoir une meilleure autonomie. Évidemment, il s'agit d'une option que vous pourrez demander.

Dans la suite des évolutions des appareils, il y a des améliorations tout simplement techniques. Les appareils d'aujourd'hui présentent beaucoup de similarité avec un ordinateur, les améliorations d'ordre informatique existent au niveau de l'appareillage, avec un processeur plus rapide avec plusieurs cœurs, davantage de mémoire vive, donc plus de capacité de calcul et de rapidité à faire les actions. Plus de rapidité pour quoi faire ? Pour aller plus loin que les fonctions simples vues précédemment, en traitant mieux le bruit par exemple afin de réduire l'effort d'écoute. Comprendre dans le bruit avec un appareil auditif demande un certain effort. Une étude a été menée sur les appareils de dernière génération qui montre que pour comprendre la même phrase, il faut moins d'effort qu'avec les appareils plus anciens : on observe que la dilatation de la pupille est moindre avec les récents appareils, or cette dilatation est un indicateur corrélé avec l'effort d'écoute. Le second intérêt concerne la réduction des bruits. On a vu que les appareils savent relativement bien traiter les bruits simples, monotones. Par contre, lorsque vous êtes au restaurant, vous percevez plusieurs voix. Or les voix sont des sons complexes. En laboratoire, avec les appareils de dernière génération, la compréhension se rapproche de celle d'un entendant. Ce n'était jamais arrivé avec les appareils plus anciens. Attention, c'est une situation de laboratoire, pas de vie quotidienne, mais c'est déjà un progrès.

Nous allons maintenant parler de l'évolution des appareils dans le futur. Peut-on faire autre chose que corriger l'audition ? Peut-on déstigmatiser l'appareillage ? Je ne vous promets pas que demain on ait des airbags dans les appareils auditifs, comme on vient de le voir dans le clip humoristique du fabricant Bernafon sur les appareillages de demain, mais certaines choses dans cette vidéo ne sont pas si loin de la réalité. Par exemple le fait que l'appareil puisse faire autre chose que de l'audition. Ainsi se connecter à des services extérieurs qui peuvent traduire certaines choses. La connectivité avec le téléphone permet d'utiliser les capacités du téléphone. Notamment le processeur d'un téléphone sera toujours plus puissant que celui d'un appareil auditif. On pourra aussi utiliser le GPS du téléphone. Si vous avez un rendez-vous régulier chaque semaine, dans un restaurant par exemple, l'appareil mémorisera le lieu et passera de manière automatique sur le programme que vous aurez choisi pour entendre dans ce lieu. Le but est de faire passer au deuxième plan l'appareil auditif, qu'il fasse son travail tout seul.

La deuxième évolution concerne les capteurs qui sont présents dans les appareils. Aujourd'hui un appareil c'est un microphone, un amplificateur et un haut-parleur. Demain, on pourra avoir plus de choses, des capteurs de chute, de rythme cardiaque, de nombre de pas. Ce sont des choses qui existent déjà, par exemple sous forme de montres connectées. Ces mesures couplées à l'audition pourraient être plus précises et transformer l'appareil auditif en quelque chose de beaucoup plus global en termes de santé. Enfin, par la connexion des appareils auditifs avec le smartphone, on pourra utiliser d'autres services, par exemple la traduction instantanée ou l'utilisation d'assistant personnel à commande vocale, ou encore demander à son appareil auditif une information de météo ou une musique. Ces avancées permettront de sortir l'appareillage auditif de la seule correction auditive pour en changer l'image. Aujourd'hui l'appareillage est lié à l'image de la vieillesse. L'idée est de transformer cette image afin que l'appareillage soit un objet qui permette de rester jeune, de continuer à faire toutes ses activités voire plus, pour ne pas perdre en sociabilité.

# Questions de la salle

*Merci de cette intervention. Je suis vraiment frustrée, car vous n'avez pas parlé de la boucle à induction magnétique. Or les malentendants qui sont là savent son apport. Vous avez à plusieurs reprises parlé de la fatigue et de l'avantage de certaines dispositions de l'appareil qui évitent la fatigue ou qui la diminuent. La BIM[6] (Boucle à Induction Magnétique) c'est cela d'abord, mieux entendre, directement, dans son appareil auditif et être beaucoup moins fatigué. Avec la BIM, je peux être au fond de la salle, fermer les yeux, on n'a plus besoin de regarder les gens, c'est magique. Et ça doit faire partie obligatoirement de votre intervention.*

Adrien Christophe : Je suis d'accord. La raison pour laquelle je ne l'ai pas intégrée est que l'on sort un peu du cadre de la restitution de l'audition. Or la BIM est une réponse à une situation ponctuelle, c'est pour cela que je ne l'ai pas intégrée ici. Pour le coup, ça n'en reste pas moins une solution extrêmement intéressante, qui est sous-exploitée parce qu'on en trouve assez peu. Cependant je suis d'accord que la BIM peut compenser certaines limites de l'appareillage.

*Ma frustration à moi est qu'avec les appareils changés l'année dernière, je devais choisir entre le rechargeable et la BIM car dans la marque choisie, il n'y avait pas les deux. Est-ce qu'il y a une contrainte de miniaturisation qui empêche de mettre les deux ? J'ai donc choisi la boucle. Ma question porte sur un autre point. Vous avez dit « sous réserve de rééducation » notamment pour l'abaissement fréquentiel. Combien de personnes que vous appareillez ont une rééducation ? Est-ce prévu par la Sécurité sociale en France (je viens de Belgique) ? Pour l'implant cochléaire, c'est prévu, mais qu'en est-il pour l'appareillage ?*

Adrien Christophe : Pour l'appareillage standard, ce n'est généralement pas prescrit par le médecin. Mais quand je parlais de rééducation, je parlais déjà d'autorééducation. Le fait d'abaisser les fréquences modifie la

---

6   BIM (Boucle à Induction Magnétique) : Une boucle à induction magnétique ou BIM est un système de transmission du son par voie magnétique. Un fil relié à un amplificateur crée un champ magnétique dans la pièce. Le champ magnétique varie en suivant les sons du micro et la bobine réceptrice de l'appareil auditif (en position T) récupère cette information pour l'amplifier. Le champ magnétique ne transfère que les sons du micro (et donc pas le brouhaha). Ainsi, quel que soit le bruit environnant qui n'est plus entendu, ce que dit la personne qui vous parle arrive clairement au creux de votre oreille. Source : www.malentendant38.org

perception par le cerveau et en portant les appareils, le travail de rééducation se fait. Pour des cas compliqués, la rééducation auditive ou l'entraînement à la lecture labiale par un.e orthophoniste est tout à fait envisageable et se fait sur ordonnance. Mais ce n'est pas inclus dans l'ordonnance d'appareillage de départ. Concernant certaines options « incompatibles », c'est en effet souvent une question de miniaturisation, bien que certains fabricants continuent à faire des appareils plutôt axés sur les fonctionnalités que sur la taille.

*J'ai été assez fasciné par les perspectives ouvertes à la fin de votre conférence. J'ai une double question. Pouvez-vous nous dire quelques mots de l'industrie de l'audioprothèse aujourd'hui. Et si dans l'avenir on va vers des audioprothèses qui connectent le corps à un ensemble de services, est-ce que ce ne sont pas les grands industriels du numérique qui mettront la main sur ce marché ?*

Adrien Christophe : Je pense que c'est déjà un petit peu le cas, car, comme vous l'avez vu, les services déjà proposés sont empruntés à Google, Amazon, etc. Au niveau de l'organisation aujourd'hui du monde de l'audioprothèse, il y a une demi-douzaine de grands fabricants, certains ayant plusieurs marques, mais ce sont de vrais fabricants d'appareils auditifs. On sait que probablement Apple et Google ont des choses dans les cartons. Aujourd'hui ce n'est pas encore d'actualité sur le marché, mais il est très probable qu'avec l'évolution des appareils auditifs (qui deviennent plus que de la seule correction auditive), il y aura une entrée assez agressive sur le marché de tous les gros acteurs de l'informatique.

*À propos des abaissements fréquentiels, que ce soit compression ou transposition, y aura-t-il un suivi de ces systèmes-là de la part de ces grands groupes qui permettra de garder l'adaptation des personnes à la rééducation qu'elles ont faite avec abaissement fréquentiel ?*

Adrien Christophe : Actuellement l'idée est d'avoir du retour instantané sur le réglage d'un appareil de manière à pouvoir affiner l'abaissement fréquentiel. Ceci dit si on trouve d'autres techniques qui marchent mieux, cela disparaîtra peut-être. Peut-être qu'Apple ou Google trouveront d'autres stratégies pour récupérer les pertes dans les aiguës ou les zones mortes.

*Je suis étudiante en orthophonie et j'ai une question par rapport à la rééducation. Êtes-vous en lien avec les orthophonistes ?*

Adrien Christophe : J'ai assez peu d'expérience, car je n'ai pas eu de cas particulièrement difficile. Mais dans des cas difficiles, c'est bien de pouvoir adresser le patient à l'orthophoniste et d'avoir leur retour. Les orthophonistes pourront sûrement mieux en parler que moi. L'accompagnement est sans doute à étendre à davantage de personnes. Il faudra aussi dédramatiser l'orthophonie pour certains patients autant que dédramatiser l'appareillage.

Une personne dans la salle : Je suis orthophoniste et je voulais répondre à votre question. L'orthophonie est systématiquement prescrite après l'implant cochléaire alors que ça ne l'est pas lors de l'appareillage auditif. Mais il y a quand même maintenant des partenariats qui existent et qui se développent. Les orthophonistes sont toutes formées pour intervenir dans ce domaine et les audioprothésistes sont en train de prendre conscience de l'importance des liens entre nos deux professions. Les rééducations sont prises en charge en France par la sécurité sociale et un médecin ORL ou généraliste peut prescrire des séances.

*Je voudrais revenir sur la déstigmatisation de l'appareillage auditif. C'est très important même si je ne comprends pas bien pourquoi c'est encore stigmatisé alors que quand on monte dans le tram, il y a plus de la moitié des gens qui ont des écouteurs sur les oreilles et nous, on voudrait que nos appareils auditifs soient les plus petits possible pour que personne ne les voie. Quelque part c'est le mal-être du malentendant. C'est un travail qui est à faire aussi bien par les professionnels que par les associatifs, en soulignant d'ailleurs que peut-être c'est une bonne chose si l'appareil se voit.*

Adrien Christophe : Effectivement si Apple fait un jour des appareils auditifs, il y a de grandes chances qu'ils ne soient pas invisibles tout comme leurs écouteurs aujourd'hui. Si l'invisibilité reste aujourd'hui assez ancrée, demain ce ne sera peut-être plus le cas. En 2021, un fabricant traditionnel vient justement de sortir un modèle d'une forme différente, proche des écouteurs *bluetooth* et sans se soucier de la discrétion.

*Ce que je pense, c'est qu'en tant que malentendant on a besoin que les gens en face de nous soient au courant. Si on n'arrive pas à leur dire, mais qu'on a un appareil qui se voit, le chemin est à moitié fait.*

Adrien Christophe : Il est vrai que le problème de l'invisibilité est important. Quelqu'un qui ne sait pas que vous avez un problème d'audition ne s'adaptera pas à vous. De ce point de vue, rendre visible l'appareil est une bonne chose. Mais pour encore beaucoup de personnes, la perte d'audition est vécue comme un handicap. Alors que la presbyacousie par exemple n'est pas une maladie, c'est une évolution normale, naturelle de l'audition. Mais l'idée de handicap est encore trop présente.

*Pour poursuivre sur cette remarque, on a l'impression que ce qui est en train de s'amorcer avec les audioprothèses est un peu comparable à ce qui a eu lieu pour les prothèses de membres inférieurs avec les jeux paralympiques qui les ont rendues extraordinairement visibles. Et depuis les personnes montrent beaucoup plus facilement leur prothèse, en étant en short, voire même en travaillant le design de leur prothèse pour les rendre sympas comme un accessoire, comme un vêtement, etc. De ce côté-là, sur les audioprothèses, ça met sans doute plus de temps, mais le mouvement est prometteur.*

Adrien Christophe : Le mouvement vient aussi des porteurs. Je sais qu'il y a notamment une ligne de bijoux pour appareils auditifs, et cela ouvre d'autres perspectives.

*Dans vos consultations, quelles sont les situations où l'audioprothèse ne marche pas, la personne ne l'utilise pas et pourquoi ? En d'autres termes, ma question concerne l'aspect déceptif du travail d'audioprothèse et l'aspect déceptif pour les patients.*

Adrien Christophe : On a deux cas qui sont compliqués. Ce sont les pertes d'audition très légères où la personne s'y prend très à l'avance et où le gain potentiel de l'appareil ne compense pas leurs inconvénients. Le second cas, ce sont les pertes d'audition anciennes, car la capacité d'adaptation est moindre et le cerveau aura oublié beaucoup de choses. Retrouver des perceptions sonores et être capable de les reconnaître, c'est cela qui peut être compliqué. Il y a aussi des personnes qui ne sont pas motivées, qui sont venues à la demande de leur conjoint par exemple et qui porteront peu l'appareil, leur cerveau ne s'habituera pas.

*Je voudrais revenir sur les boucles magnétiques. Vous avez dit qu'il n'y en a pas beaucoup. Et nous on travaille dans les commissions d'accessibilité pour faire appliquer la loi de 2005 qui oblige les établissements recevant du public à être équipés de boucle magnétique. Une personne appareillée qui va se présenter à un guichet et qui ne sait pas qu'il y a une position T sur son appareil ne va pas avoir l'idée de demander à l'agent qui se trouve en face de brancher le matériel. Il ne pourra donc pas bénéficier de l'accessibilité. Je veux souligner que les audioprothésistes sont en première ligne, au contact des personnes qu'ils vont appareiller et ils sont tenus de leur présenter toutes les options de ces appareils et d'activer la position T. Or on rencontre beaucoup trop de personnes appareillées qui ne sont même pas au courant qu'elles ont à leur disposition cet outil qui va leur permettre de communiquer avec la personne qui est en face d'eux.*

Adrien Christophe : Je pense que c'est quelque chose qui va évoluer un petit peu, notamment parce qu'aujourd'hui, au niveau de la loi, depuis le 1er janvier 2019, il y a l'obligation de proposer au moins un appareil de la classe 1 et un appareil avec la BIM. C'est maintenant une obligation marquée dans la loi.

*Donc on compte sur vous, car c'est à vous de faire passer cette information. Car sinon ce qui est fait en commission d'accessibilité ne sert à rien.*

Adrien Christophe : Oui le mouvement est des deux côtés. Les audioprothésistes ont l'obligation de présenter un modèle avec la BIM. Cela devrait faciliter le travail des associations.

*Je voudrais terminer par une remarque sur les évolutions technologiques que vous nous avez présentées, qui sont bien sûr très intéressantes. Mais je retiens le chiffre que nous a donné Madame Rivron, il n'y a que 30% de personnes appareillées. Je pense à tous ceux qui restent. L'effort est à porter sur ces 70% qui, aujourd'hui, n'ont pas d'appareil pour différentes raisons, dont des raisons financières. Il y a beaucoup de personnes aujourd'hui en difficulté, et parmi elles énormément de personnes âgées.*

Adrien Christophe : Parmi les 70% de personnes non appareillées, toutes ne sont pas appareillables. Mais je suis d'accord avec vous. Il y a deux freins à l'appareillage : le côté financier et le côté psychologique. Le problème financier est quasiment réglé dans la mesure où, avec la loi 100% santé, les remboursements ont déjà évolué et continueront en 2020 et 2021, pour que des appareils soient proposés avec un reste à charge de zéro. C'est déjà écrit dans la loi, l'argument financier va de plus en plus disparaître. Pour la partie psychologique, je ne sais pas si le prix sera suffisant, car il y a beaucoup de gens qui viennent en disant « je n'ai pas envie et c'est trop cher », mais demain ils ne pourront plus dire cela. Le fait d'avoir dans les appareillages autre chose que la correction auditive pourra aussi faire évoluer le problème psychologique. Dans les centres auditifs, on voit de plus en plus les 'papyboomers' très connectés, avec une utilisation élevée des smartphones, et cela peut concourir à lever le frein psychologique.

*Parmi les évolutions possibles que vous avez présentées, je ne comprends pas pourquoi on n'a pas essayé d'avancer sur la mise en place de la position T automatiquement, comme cela se fait sur un téléphone.*

Adrien Christophe : Avec le GPS, si vous avez rentré la carte des lieux équipés dans votre téléphone, la position T pourrait s'activer dès que vous arrivez sur un de ces lieux. Cela pourrait être une évolution technique possible de ces nouvelles fonctionnalités.

Une personne dans la salle : Je pense que c'est faisable avec les appareils rechargeables surtout. Le problème des connexions automatiques, c'est la consommation importante.

*Je voulais vous remercier d'avoir parlé des différents programmes. Les perspectives d'avenir ont peut-être un petit peu occulté le début de votre exposé. En particulier un programme très intéressant concerne la réduction du bruit. Notamment quand a été évoqué le côté déceptif de l'appareillage, je pense qu'outre le coût, le côté esthétique, la difficulté à accepter sa surdité, ce que l'on entend le plus de la part des personnes malentendantes qui ont ou ont essayé des appareils, c'est l'inconfort dans le bruit. Il faut vraiment dire que les fabricants de prothèses et les chercheurs en parole travaillent sur cette difficulté puisqu'il est effectivement très compliqué de séparer la parole du bruit. En tous les cas, ce programme de réduction de bruit a l'air d'apporter un confort assez important d'après les témoignages que j'ai pu entendre.*

## Témoignage
# La perte de l'oreille :
# de si lourdes conséquences

### Annie Breyton

*Malentendant38 section ARDDS*
*(Association de Réadaptation et Défense des Devenus-Sourds)*

Je suis appareillée des deux oreilles depuis une vingtaine d'années. L'aggravation brutale de ma surdité est intervenue en juillet dernier : sans raison particulière, j'ai développé brusquement une infection à l'oreille droite avec déchirure du tympan. Celui-ci n'est pas réparable. J'ai donc perdu l'audition à droite et je n'ai plus que l'oreille gauche avec sa prothèse auditive.

La situation créée par cet accident ne fait qu'aggraver ce que je ressentais depuis la perte progressive de l'ouïe :

– Un très fort sentiment d'exclusion. Dès que le nombre de personnes prenant part à la conversation dépasse deux... il devient impossible de comprendre. Il est difficile de faire sans arrêt répéter... Donc j'entends un bruit de conversation, mais il est impossible de COMPRENDRE ce qui est dit.

– Comme je suis à la retraite, je fais l'activité qui me plaît : la randonnée. Ce qui me gêne le plus dans cette activité est de ne pas pouvoir localiser le bruit. Le VTTiste qui m'avertit de sa présence en klaxonnant ou en criant : « j'arrive », me cause un grand trouble. Où est-il ? Où va-t-il passer en cas de sentier étroit ? D'où le « ressenti » d'une insécurité déstabilisante.

– La tentation d'abandonner totalement la vie sociale (participation aux réunions ou aux activités collectives du quartier, même les réunions de famille) est grande. Quelle que soit la volonté de participer... il y a un moment où... on laisse tomber.

– Les aides techniques (micro, par exemple) peuvent aider dans certains cas, mais elles sont très contraignantes : il faut penser à recharger les supports, ne pas oublier de les emporter avec soi, trouver des prises (donc ne pas oublier les rallonges électriques), installer le micro de façon que toutes les interventions soient bien enregistrées, etc. !

Depuis la dégradation de mon audition, je vis l'abandon de plusieurs activités dans ma commune : les activités de prise de contact, de création de liens avec des enfants, des parents, l'équipe de bénévoles devenue une équipe d'amitiés, etc. Tout ceci est un exemple du résultat de la perte de l'oreille... cette très petite partie du corps humain qui peut avoir de si lourdes conséquences.

## Remarques de la salle

Ce témoignage d'Annie est très fort. Je l'ai connue comme une personne engagée et militante. Quand on écoute le retrait et l'isolement qu'elle décrit, on se dit qu'il faut absolument développer des aides techniques comme la BIM.

Je voudrais rajouter un point concernant les sous-titres en français de films français. Il y a un gros travail d'informations auprès des entendants à faire pour leur expliquer que, si on sous-titre des films français, c'est pour les malentendants. Car souvent les entendants se plaignent des sous-titres français de films français.

# Témoignage
# L'adaptation à la surdité

*Anne-Marie Choupin*

Malentendant38 section ARDDS
(Association de Réadaptation et Défense des Devenus-Sourds)

Je suis devenue sourde à 26 ans. Il y a plus de 40 ans, donc j'ai une certaine habitude. Pourtant, mes oreilles étaient sous grande surveillance depuis ma toute petite enfance. Car j'ai toujours vécu avec des angines à répétition et des otites fréquentes qui coulaient puisque les tympans étaient complètement perforés. Cela faisait partie de ma vie. Un chirurgien ORL consulté à mon adolescence, a déconseillé la greffe de tympan à mes parents, ma surdité étant estimée à 30% de perte et j'y étais bien adaptée. Finalement ce sont des cures thermales à l'adolescence, qui ont eu raison des otites et angines. Cela m'a vraiment changé la vie !

Ce n'est qu'en abordant ma vie professionnelle d'enseignante, que je me suis souciée de consulter un ORL, car j'avais pris conscience en classe de mes difficultés d'audition. Je ne me disais à l'époque ni sourde ni malentendante, car le mot n'existait pas. J'ai commencé donc un traitement médicamenteux préparatoire à une greffe de tympan, qui fut fatal à mon audition. Mère de deux jeunes enfants, je suis devenue sourde à 26 ans : cophose à droite et 60 dB de perte à gauche. La perte auditive a été un choc, car ce fut brutal, mais le pire était sans doute l'incertitude qui a duré plus de 6 mois, on ne savait pas ce qui se passait, le chirurgien était très évasif sur les causes et sur le rétablissement d'une audition meilleure. Finalement c'est mon médecin traitant qui m'a conseillé d'aller consulter au CHU le professeur Charachon pour qu'il donne son avis. Au vu de mon dossier et de mes audiogrammes, il nous a donné l'explication : l'empoisonnement de l'oreille interne par les gouttes auriculaires. Il nous a aussi donné son diagnostic avec une surdité complète et définitive à droite et le nécessaire maintien des restes auditifs à gauche par l'appareillage et la lutte contre l'infection.

La première chose à faire fut l'appareillage, l'adaptation, l'organisation de la vie familiale. Pas simple ! Nous avons vécu ce choc à deux, mon mari et moi. Et son soutien ne m'a jamais manqué. Nous avons fait les choix ensemble : persister dans mon travail d'enseignante n'était pas possible, apprendre un autre métier difficilement envisageable. Donc, nous avons opté pour le métier de mère de famille. Cette fonction prenait tout mon temps. Pas le temps de déprimer. L'appartement était tout petit, l'appareillage efficace, j'entendais les enfants pleurer. Le plus angoissant était la nuit, quand mon mari était en déplacement. Quand je n'entendais pas le petit, sa grande sœur venait me prévenir ! Ils n'ont pas eu à s'habituer à ma surdité, ils l'ont toujours connue ! Ils sont allés à la garderie, à l'école, en colo et moi j'ai organisé ma vie sociale, avec un engagement associatif dans l'animation, qui m'a permis d'être bien dans ma peau, en utilisant mes compétences pédagogiques.

J'ai connu des situations de mise en difficulté, mais j'expliquais ma surdité et quand cela ne suffisait pas, je laissais tomber ! La surdité était mon problème et je faisais le maximum pour le résoudre. Si ça ne marchait pas, tant pis, je passais à autre chose. J'avais conscience, parfois de passer à côté de relations intéressantes : j'avais une voisine de palier très sympathique, mais je ne comprenais rien de ce qu'elle me disait... Donc, je ne cherchais pas le contact.

Avec la stabilité, nous avons déménagé pour vivre dans une maison, pour accueillir notre troisième enfant, qui, lui aussi, a vécu avec une mère sourde. J'ai recommencé les cures, car il n'était pas question de perdre encore de l'audition.

Je me renseignais sur l'actualité, les appareillages. On commençait à entendre parler d'implant... Un ORL m'a dit qu'avec l'ancienneté de ma surdité, ce n'était pas envisageable. Et puis, je vais consulter à Béziers, comme beaucoup... pour y apprendre que la lecture labiale s'enseigne et qu'elle est remboursée par la Sécurité sociale !!! Je trouve une orthophoniste, j'apprends qu'il existe des associations de malentendants et des stages ! Je m'inscris au stage et je découvre la lecture labiale collective, l'usage collectif de la boucle magnétique, l'association de devenus sourds et la détresse de certains stagiaires ! Voilà comment on devient responsable d'une association de personnes handicapées !

L'implantation est venue ensuite, proposée par le chirurgien que j'ai connu, grâce à l'association. Je n'y croyais pas du tout, mais je n'avais rien à perdre à faire implanter mon oreille complètement sourde. Ça a marché ! Dix ans après, je dis que ça a très bien marché ! La surprise immédiate n'est pas venue de l'audition retrouvée, car il a fallu du temps. Mais de ma nouvelle stabilité sur mes jambes, de mon nouvel équilibre, de l'envie de danser qui me prenait, moi qui ne dansais plus depuis ma surdité ! Cela ne veut pas dire que j'avais des problèmes d'équilibre. Je me suis toujours réjouie de ne pas en avoir, j'ai continué à randonner en montagne, sans problème ! Je pense que c'est la redécouverte de l'audition bilatérale qui m'a rendu cet équilibre, dans la tête et dans le corps, donc dans la vie !

Pour conclure, je pense que j'ai eu de la chance de pouvoir accepter ce handicap dans ma vie. Je crois que mon équilibre, je le dois d'abord à ma famille, à mon mari et à mes enfants. Et à ma philosophie de vie : aide-toi, le ciel t'aidera.

## Questions de la salle

*Je voulais vous poser une question sur le rapport à votre entourage. Comment la dégradation de votre audition a-t-elle été acceptée ? Comment l'avez-vous vécue avec les proches ? Comment les proches l'ont vécue ?*

Anne-Marie Choupin : Je viens de penser quelque chose de mon bébé qui est né au moment où je suis devenue sourde. Pendant que j'étais à l'hôpital pour une greffe du tympan, juste après sa naissance, mon mari a dû l'emmener chez l'ORL qui lui a fait une parasynthèse, car il avait une otite. Alors ça n'a pas rien à voir. Je pense à cette anecdote parce que ça veut dire aussi que quand un des membres de la famille a quelque chose, il y a des conséquences pour les autres, de manière visible ou pas. Le bébé de 4 mois qui a une otite parce que sa mère est en train de se faire opérer (je dis 'parce que' parce que je le pense ainsi), c'est quelque chose à noter. Mes enfants m'ont connue sourde (la première avait 2 ans et s'est adaptée très vite), j'ai été obligée de leur dire de répéter quand je ne les comprenais pas et eux ont été obligés de parler bien tout de suite. Ils l'ont compris et c'est tant mieux. Peut-être que parfois il n'y a pas cette volonté de l'enfant de communiquer et ça ne se passe pas bien. Peut-être aussi que lorsque la survenue du handicap est plus tardive, je connais beaucoup d'exemples où la communication avec les enfants ne s'est pas aussi bien passée que pour moi. Pour moi ça s'est toujours bien passé, c'était parfois une plaisanterie quand je m'énervais parce que je n'avais pas compris, j'avais toujours un des gamins qui disait 'coucou, maman tournesol !' Immédiatement j'éclatais de rire, ce qui fait que la tension baissait et on repartait sur des bases différentes. Alors il y a mon tempérament, mais les enfants sont aussi rentrés dans le jeu, et c'est aussi parce que leur père était le premier à leur montrer l'exemple. Cela a vraiment été un soutien dans mon aventure de surdité que mon mari ait partagé cela.

Alors la famille, mes parents, mes frères et sœurs m'ont toujours vue avec des problèmes d'oreille. J'avais des otites qui coulaient, ce n'est vraiment pas marrant, ni pour la personne à qui cela arrive, ni pour la famille. Ils ont tous bien accepté. J'ai sans doute des frères et sœurs qui ont su tout de suite mieux communiquer en prenant de bonnes attitudes sans que l'on ait besoin d'expliquer. On dit aujourd'hui 'bonnes attitudes', avant on ne les connaissait pas, on ne conseillait pas, mais certaines personnes les adoptaient spontanément parce qu'ils avaient envie de communiquer. Pour l'entourage plus lointain, chaque fois il fallait faire la démarche d'expliquer ma situation aux personnes, ce que je faisais. Mais si les personnes ne comprenaient pas, je laissais tomber. J'essayais de me débrouiller.

*Je trouve vraiment intéressant le témoignage d'Anne-Marie, car cela montre l'importance de l'éducation des enfants. Je connais des jeunes femmes qui sont devenues mères, en étant handicapées dans un fauteuil. Leur enfant a su de suite s'adapter. Le fait d'avoir, très jeune, en face de soi quelqu'un qu'on aime et avec lequel on a envie de communiquer, ça aide vraiment à progresser. Je suis entrée en communication avec Anne-Marie pour le sous-titrage de films et aujourd'hui je découvre tout un monde et aussi la boucle magnétique. Je me pose la question suivante : si cette BIM te donne le confort dont tu as besoin, est-ce que ce n'est pas quelque chose à réclamer pour toutes les salles de cinéma ? Penses-tu que ce soit utile de sous-titrer les films de notre association Accord'Âge ou l'effort est à faire sur l'équipement de toutes les salles de cinéma, conférence ?*

Anne-Marie Choupin : les deux sont à faire. Pour le cinéma, il y a actuellement un gros travail qui est en cours pour sous-titrer les films en français. Parce que si on peut aller voir des films étrangers qui sont très bien sous-titrés et très bien diffusés dans certains cinémas de Grenoble, les films français sont beaucoup moins sous-titrés en français. Justement notre association avait mis un prix du meilleur film sous-titré depuis 3 ans. Malheureusement les gens qui font partie du jury, qui sont des malentendants, qui notent les films et décident des meilleurs, ont été peu nombreux. L'expérience n'a pas bien marché. Mais cela ne veut pas dire qu'il ne faut pas continuer à demander des films sous-titrés. En fait la question n'est pas le sous-titrage ou la BIM. Pour le cinéma, le sous-titrage est quand même un plus, car la boucle magnétique va amplifier tous les sons, et en particulier la musique et les bruitages. Théoriquement il est possible de dissocier les deux, mais techniquement, mettre la BIM seulement sur la parole pose des problèmes techniques. Donc pour le cinéma, c'est mieux le sous-titrage. Une boucle magnétique dans une salle de cinéma, c'est bien. Mais s'il y a plusieurs salles les unes à côté des autres, on ne peut les équiper toutes, car elles interfèrent entre elles. Dans les salles de conférences, les guichets, etc., la boucle est très importante, d'autant plus que l'induction magnétique est gratuite, il n'y a pas de surconsommation de piles et jusqu'à présent pas de surcoût au niveau de l'appareillage. Mais l'un des freins est la miniaturisation des prothèses qui peut empêcher l'installation de la bobine d'induction. La BIM est quelque chose d'universel et c'est un point important.

*Je suis arrivée à la fin de votre intervention. Voilà ma question en espérant qu'elle sera pertinente. Il y a deux points. Vous avez dit que depuis que vous avez un implant, vous vous sentez plus ancrée, vous vous sentez plus dans votre corps, vous dites que vous dansez, mais est-ce que vous développez d'autres choses ? Est-ce que vous prenez mieux votre place, est-ce que vous mettez des choses nouvelles en place. Deuxième point : c'est une question plutôt en termes d'identité. Vous avez dit que vous êtes devenue sourde, que vous avez une aventure de surdité et maintenant que vous vous sentez plus ancrée, etc.. Comment vous définissez-vous en termes d'identité ?*

Anne-Marie Choupin : Je pense que Marie-Agnès pourrait dire quelque chose de l'après-implantation, car elle m'a fait la remarque que je parle d'abord moins fort qu'avant, que j'entends mieux donc je participe plus. Par rapport à l'identité, j'étais quand même active par tempérament et je me suis investie dans le travail associatif. Je n'ai pas repris un travail professionnel à part des petits boulots, car je me disais qu'en cas de problème, le bénévolat ou le petit boulot je pourrais l'arrêter. Donc c'était aussi mon issue de secours si j'avais des problèmes par rapport à ma compréhension ou à la manière dont je m'engageais. J'avais l'impression que si je m'engageais dans un travail, je ne pourrais pas arrêter et serais obligée de continuer. C'est la première chose. Ensuite quand j'ai eu l'implant, je pense, oui que cela a ouvert plein de choses. Je crois que je ne me rendais pas compte du manque de n'entendre que d'un côté, mais quand j'ai eu les deux côtés, j'ai senti la différence. Donc ça, dans mon corps et dans ma vie. C'est important ce que dit Annie qui vient de perdre brutalement un côté, même si le côté qu'elle a perdu n'était pas très performant, n'empêche qu'elle a perdu son côté. Et elle l'a senti, elle, très fort. C'est vrai aussi que cela lui arrive à un âge où même avec la volonté de réagir, c'est moins facile. Je ne sais pas si j'ai répondu à votre question. Mais je me suis rendu compte que notre perception avec les oreilles influence tout notre corps donc notre présence dans la vie.

*Je voulais poser une question technique. Est-ce que le budget d'aménagement des salles, que ce soit le cinéma ou le théâtre, entre dans le cadre du budget de l'état avec le budget des handicapés. Il y a quand même 6 millions de malentendants. Est-ce que les aménagements des salles sont aussi pris en charge par l'état comme les aménagements d'accessibilité des trottoirs par exemple, pour permettre l'accélération de ce type d'investissements ? Il ne me semble pas que ce soit pris en charge sur le budget des handicapés.*

Sylvie Contet (Mairie de Grenoble) : Lorsque ce sont des salles qui sont publiques, cela fait partie des obligations des Agendas d'Accessibilité Programmée, de mettre en conformité et, selon les capacités des salles, d'installer éventuellement une boucle magnétique.

# Intérêt du port des prothèses et cognition

*Hélène Amieva*

*Épidémiologiste, Université de Bordeaux*

Moi qui vous ai écoutés attentivement jusque-là, j'ai l'impression que les intervenants sont très complémentaires. Nous avons le regard de l'ORL, le regard de l'audioprothésiste, le regard des personnes qui sont directement concernées, et je vais apporter le regard du scientifique, plus précisément de l'épidémiologiste. C'est en cette qualité que je suis ici, et même si je vais concentrer mon propos sur la personne âgée, je ne vais pas parler de surdité à tout âge de la vie, je vais tout de même être très complémentaire avec tout ce qui a été dit. Je vais le dire autrement, je vais l'illustrer au travers d'études, au travers de chiffres et de statistiques.

À la base, je ne suis pas une spécialiste de l'audition. Je suis épidémiologiste, chercheuse et je travaille depuis de nombreuses années, sur ce que l'on appelle l'épidémiologie du vieillissement. Avec mon équipe INSERM à Bordeaux, nous cherchons à identifier tous les facteurs qui vont contribuer au fait que les individus vieillissent plus ou moins bien.

Vieillir, bien vieillir (c'est un terme devenu très à la mode), qu'est-ce que cela veut dire ? Si vous tapez sur Google, le mot 'vieillir', il y a des milliers de photos qui apparaissent, dont celle-là qui est une des premières qui apparaît. On voit ce couple – d'abord c'est un couple – qui a l'air très heureux, ils s'« éclatent » et « sautent comme des cabris ! ». On a l'impression qu'ils sont en très bonne santé, très heureux, tout va bien pour eux. Est-ce cela vieillir ? Il suffit de regarder autour de soi, ce n'est malheureusement pas toujours cela vieillir. Et moi-même, je ne suis pas sûre qu'à leur âge, je serai en train de sauter en l'air avec le sourire. C'est vrai qu'il existe des exceptions. Vous connaissez peut-être ce monsieur qui est une légende du monde des échecs puisqu'il a participé depuis 59 ans aux championnats de France et du monde d'échecs. Il a passé très allègrement la barre des 80 ans, il continue de refuser de jouer dans des tournois seniors. Il se confronte à des joueurs de tout âge et il continue d'avoir d'excellentes performances. Vieillir, ça peut être garder toutes ses capacités cognitives. Plus banalement, de manière plus ordinaire, l'image qu'on a d'une personne de 80 ans, c'est plutôt ce monsieur tranquillement installé dans son fauteuil, qui lit son journal, qui a l'air de passer un bon moment. Ça a l'air un peu plus accessible ou réaliste comme manière d'occuper son temps lorsqu'on vieillit. Et puis exactement au même âge à 80 ans, on peut être à la place de ce monsieur, on ne sait pas exactement ce qui lui arrive, mais on a l'impression qu'il ne va pas très bien, il est probablement dépendant, peut-être souffre-t-il d'une démence et en tous les cas, il semble vivre en institution. Tout cela pour dire que, pour un même âge, ces trois personnes ne sont pas pour autant engagées dans le même processus, dans la même trajectoire de vieillissement. Et c'est cela qui nous intéresse, essayer de comprendre pourquoi nous sommes si différents les uns des autres au fur et à mesure que nous vieillissons. Le vieillissement est un processus fondamentalement hétérogène, les personnes sont plus différentes les unes des autres dans le grand âge, qu'à n'importe quel autre âge de la vie. Si vous évaluez un groupe d'enfants de 10 ans, vous allez observer des différences interindividuelles, sur le plan des performances cognitives par exemple ; 30 ans plus tard les différences interindividuelles de ce même groupe vont s'accentuer ; et si vous reprenez ce même groupe d'individus 30 ans plus tard, après 70 ans, les différences seront encore bien plus importantes. Plus nous vieillissons, et plus nous sommes différents les uns des autres.

Vieillir est un processus dynamique qui s'exprime tout au long de la vie. On prépare son vieillissement tout au long de la vie. Dans notre laboratoire – notre marque de fabrique –, ce sont les études de cohortes que menons en population générale, de grandes cohortes de personnes âgées, que nous suivons au cours du temps. Nous ne les suivons pas 2 ans, 3 ans, 5 ans... parce que 5 ans dans une vie, cela ne représente pas grand-chose. Nous les suivons pendant des décennies : 10 ans, 20 ans et 30 ans pour certaines. La première des cohortes mises en place à Bordeaux est la cohorte PAQUID, connue dans le monde entier. Cela fait maintenant un peu plus de 30 ans que nous suivons les participants de cette étude. Ils étaient presque 4 000 au départ. Ils sont beaucoup moins aujourd'hui, car ils sont très, très âgés et beaucoup sont décédés. Mais nous les suivrons jusqu'au bout, car ce qui nous intéresse c'est de comprendre ces trajectoires de vie, de vieillissement, si différentes et les déterminants de ces trajectoires. La plupart de nos études s'intéressent à ce type de questions.

Mais le vieillissement est un processus multidéterminé. Si nous vieillissons les uns et les autres de manière très différente, c'est parce que nous sommes exposés à des facteurs de vie, sociaux, génétiques, environnementaux, très différents. C'est ce qui fait toute la complexité du vieillissement. Vieillir est partiellement la résultante de facteurs génétiques :

notre patrimoine génétique va expliquer en partie, mais en partie seulement pourquoi on ne vieillit pas de la même façon. Notre niveau d'éducation, les revenus économiques, les loisirs, le réseau social, notre entourage familial, vont aussi avoir une influence importante sur la manière dont nous allons vieillir, tout comme les traits de personnalité, la profession qu'on aura exercée, le régime alimentaire, l'activité physique. Si j'en suis venue à m'intéresser à la perte de l'audition – et c'est la raison pour laquelle je suis là aujourd'hui – c'est parce que les capacités sensorielles aussi vont expliquer une partie de cette variabilité du vieillissement et en particulier du vieillissement cognitif et cérébral.

La perte auditive chez le sujet âgé – alors même que, vous l'avez dit et redit, c'est un phénomène banal – peut avoir de lourdes conséquences. La première des conséquences, très souvent sous-estimée quand on s'adresse à un public non averti, est le problème de la stigmatisation. Vous voyez, j'ai pris l'exemple de ce chien. Si je veux vous faire comprendre que ce n'est pas un jeune chien, mais un vieux toutou, que vais-je faire ? Je lui mets une canne et un sonotone, et là tout le monde a compris, pas besoin de légende ! Cela peut faire sourire, mais à bien y réfléchir, cela signifie surtout que les problèmes d'audition font partie des stigmates les plus forts associés au vieillissement. Dans une étude que nous venons de publier, à partir des données de la cohorte PAQUID, nous avons demandé aux personnes leur âge, mais aussi leur âge subjectif sous la forme de la question suivante : 'quel âge vous donnez-vous ?' On ressent souvent un décalage entre son âge réel et son âge subjectif. Si vous êtes bien, en bonne santé, sans problème particulier, vous allez vous rajeunir de 10 ans en moyenne. Se sentir de 10 ans plus jeune que son âge réel est un phénomène normal, signe d'un certain niveau de bien-être. Or les personnes âgées qui ont des troubles de l'audition, non seulement ne se rajeunissent pas quand on leur demande quel âge elles ont « dans leur tête », mais elles se vieillissent de 10 ans. Cela veut dire que ces stéréotypes autour de la perte d'audition sont redoutablement puissants. C'est parce qu'on me renvoie l'image d'une personne « vieille » en raison de mon trouble de l'audition, que je vais finalement me percevoir moi-même plus vieille que je ne suis. Nous savons, grâce à plusieurs études qui l'ont montré, que cette perte d'audition chez la personne âgée va se traduire par un plus grand isolement social. Nous savons que cela peut aller jusqu'à des troubles sur le plan thymique avec des symptômes dépressifs beaucoup plus fréquents chez la personne âgée malentendante par rapport à la personne âgée sans trouble de l'audition. Mais les conséquences vont aussi se traduire sur le plan cognitif, l'ouïe étant une source de stimulations éminemment importante. Si on entend bien, on communique bien. Or, communiquer, c'est stimuler son fonctionnement cognitif, sa mémoire, ses capacités de langage, de compréhension, etc. Il y a chez le sujet âgé présentant une surdité, une augmentation du risque de développer une démence. Une démence, c'est un syndrome expliqué par des maladies comme la maladie d'Alzheimer et d'autres maladies dites apparentées qui conduisent à une diminution importante des fonctions cognitives avec l'apparition progressive d'une dépendance. On sait donc que chez la personne âgée, un trouble de l'audition va augmenter le risque qu'elle développe une démence. Effectivement 'un petit organe pour de lourdes conséquences' comme en témoignait Annie. Ce n'est pas qu'un ressenti, des résultats objectifs le démontrent. Ce que l'on connaît moins – mais on a de plus en plus de résultats encourageants qui l'étayent – c'est la conséquence de l'appareillage. L'appareillage chez une personne âgée, permet-il de contrer toutes ces conséquences négatives ? Nous manquons encore de données scientifiques qui le démontrent. Intuitivement on a tendance à penser que oui. En améliorant la vie sociale, la qualité de vie des personnes, on devrait être en mesure de contrer les conséquences négatives de la perte d'audition sur le vieillissement, c'est bien de le penser, mais pour être convaincant vis-à-vis des pouvoirs publics, il faut apporter des résultats objectifs. Donc nous nous sommes intéressés à cette question dans la cohorte PAQUID.

Présentons en quelques mots cette cohorte PAQUID. Elle a démarré auprès de 3 777 personnes, âgées au début des années 1990, de 65 ans et plus. Ces personnes ont été sélectionnées de manière aléatoire dans les départements de la Gironde et de la Dordogne (Sud-Ouest de la France). Une psychologue formée va au domicile des personnes et s'entretient pendant deux heures avec elles pour évaluer leur santé. La personne va être régulièrement suivie tous les deux ans environ, de manière prospective. Le but est de comprendre les facteurs de risque qui peuvent expliquer la survenue d'une maladie (diabète, Alzheimer, etc.) en étudiant les personnes avant qu'elles ne développent cette maladie. Cette cohorte est donc suivie depuis 30 ans. On recueille des informations sur les caractéristiques sociodémographiques des personnes, leur mode de vie, les comorbidités, la prise de médicaments. Les personnes sont soumises à des tests cognitifs pour évaluer leurs capacités au niveau de la mémoire, de l'attention, des fonctions exécutives, de la vitesse de traitement des informations, etc. On évalue aussi la santé mentale avec une échelle qui mesure l'anxiété et la dépression. On évalue le degré de dépendance, avec des échelles utilisées couramment en gériatrie, les IADL et les ADL, afin de mesurer la capacité de l'individu à être autonome dans les activités courantes de la vie quotidienne. L'échelle IADL mesure l'autonomie dans l'utilisation du téléphone, pour faire ses courses, préparer ses repas, tenir sa maison, s'occuper de son linge, utiliser les transports en commun, gérer son budget et ses médicaments. L'échelle IADL permet d'évaluer l'autonomie dans des activités plus basiques : l'alimentation, la continence urinaire et le transfert intestinal, l'utilisation des toilettes, l'habillage et la toilette. On évalue également la présence d'une altération cognitive qui nous laisse penser qu'il y a un syndrome démentiel (Alzheimer ou autre). Lorsque la psychologue suspecte la présence de troubles cognitifs qui s'installent, on envoie à domicile un neurologue ou un gériatre qui va confirmer et préciser ce diagnostic. Tous les diagnostics sont ensuite validés par un comité d'experts. On suit la personne jusqu'à son décès et on recueille la date et la cause du décès.

Dans le questionnaire figuraient deux questions qui pourraient paraître relativement anodines. On a d'ailleurs mis du temps à les traiter. On demandait aux personnes si elles avaient des problèmes d'audition. Les réponses possibles étaient : pas de problème, difficulté à suivre une conversation en présence de plusieurs personnes ou dans un environnement bruyant, ou problèmes d'audition majeurs. La seconde concernait le port de prothèses auditives : oui ou non. J'ai voulu voir si les réponses à ces deux questions étaient en lien avec la trajectoire d'évolution cognitive. Je me suis aperçue que les personnes qui présentaient une perte auditive présentaient aussi un déclin cognitif au test du MMSE par rapport aux personnes qui n'avaient pas de perte auditive, en contrôlant bien sûr toutes les autres variables parasites. Cela confortait les données de la littérature, en particulier celles issues d'une cohorte américaine. Et je suis allée plus loin, en divisant le groupe des personnes ayant une surdité en deux groupes : celles qui portaient une prothèse et celles qui n'en portaient pas. Nous avons observé que les personnes qui n'étaient pas appareillées présentaient ce déclin cognitif accéléré tandis que ce n'était pas le cas chez les personnes appareillées. Cela m'a semblé intéressant. Les personnes appareillées présentaient la même trajectoire de déclin que les personnes qui n'avaient pas de trouble de l'audition. Ce déclin accéléré n'était observé que chez les personnes non appareillées. Pour la petite histoire, j'ai contacté le professeur René Dauman, un collègue ORL du CHU de Bordeaux, pour savoir si, selon lui, ce résultat avait un intérêt, tant ce résultat me semblait évident ! Il m'a dit que ce résultat n'avait jamais été montré et qu'il fallait le publier, ce que je me suis empressée de faire. À ma grande surprise, je dois vous l'avouer, le papier a été énormément médiatisé et je l'ai présenté dans de nombreuses occasions. Ce qui me surprenait était le manque de données disponibles sur cette question, aussi, j'ai décidé d'aller plus loin en explorant les données sur l'audition et celles sur ce que j'appelle les « 4D » ou évènements les plus redoutés lors du vieillissement : la dépression, la démence, la dépendance et le décès. Ces évènements ont une prévalence élevée dans la population âgée. Ce sont des facteurs de diminution et d'altération de la qualité de vie très importants, ce sont aussi des facteurs qui vont engendrer un lourd fardeau pour les familles qui cessent alors de devenir des familles, et qui deviennent des « aidants ». Ce sont des évènements qui génèrent des coûts très importants sur le plan médico-économique pour la société (hormis le décès). On a essayé de quantifier le risque de présenter ces évènements selon que la personne présente une perte auditive, et selon qu'elle est ou non appareillée en cas de perte auditive. Nous avons montré que lorsque la personne a un déficit auditif et qu'elle n'est pas appareillée, elle présente un sur-risque de développer une démence par rapport aux personnes qui n'ont pas de trouble de l'audition. Or, nous ne retrouvons pas ce sur-risque chez les personnes qui sont appareillées, même en contrôlant sur de nombreuses variables : à âge égal, à sexe égal, à niveau d'études comparable et à comorbidité égale. Nous avons observé ce même scénario pour la dépendance, soit un sur-risque de devenir dépendant quand on n'est pas appareillé alors que ce sur-risque n'existe pas pour les personnes appareillées. Le risque de développer une dépendance est équivalent chez les personnes malentendantes appareillées au risque observé chez les personnes sans trouble de l'audition. C'est le même résultat qui est observé aussi bien quand on utilise l'échelle d'autonomie dans les activités instrumentales de la vie quotidienne (téléphoner, utiliser les transports, prendre ses médicaments, etc.) que l'échelle mesurant l'autonomie dans les activités de base (manger, se laver, etc.). En ce qui concerne la dépression, on observe un résultat plus complexe avec une interaction avec le sexe, à savoir un sur-risque de dépression chez les hommes malentendants non appareillés alors que ce sur-risque n'est pas présent chez les hommes malentendants appareillés, par rapport aux hommes sans trouble auditif. Nous n'avons pas trouvé de lien entre la présence d'une perte auditive, le fait d'être ou non appareillé et le décès.

En résumé, dans la première de nos publications, nous rapportions un sur-risque de déclin cognitif associé à la perte d'audition chez la personne âgée, sur-risque qui n'était pas retrouvé lorsque les personnes étaient appareillées. Dans la seconde publication, on retrouve ce même résultat sur des évènements plus robustes comme la démence, la dépression et la dépendance, avec un sur-risque chez les personnes malentendantes non appareillées. En tant qu'épidémiologiste, ce résultat est très intéressant, car il permet d'envisager des pistes d'action. On met plus souvent en évidence des facteurs de risque qui augmentent le risque de survenue d'évènements négatifs comme le déclin cognitif, la démence ou le décès. Parmi les facteurs qui affectent le vieillissement, il y en a très peu qui sont modifiables. On ne sait pas modifier un patrimoine génétique. On modifie difficilement à 80 ans le niveau d'éducation ou le niveau des revenus. Beaucoup de facteurs contribuent à moduler le vieillissement, mais peu sont modifiables. Si on se place dans une perspective de prévention, il faut identifier les facteurs suivants sur lesquels on peut agir. Les loisirs et les liens sociaux peuvent faire partie de ceux-là. Mais en réalité, ces facteurs ne sont que modérément modifiables, car ils sont dépendants du mode de vie antérieur de la personne. Les seuls vrais facteurs sur lesquels on peut avoir une influence sont la nutrition, l'activité physique et la préservation de sa santé et de ses capacités sensorielles. Les résultats que nous avons trouvés sont en ce sens des facteurs positifs, car ils laissent envisager une possibilité d'action pour aider les personnes à mieux vieillir. Pour conclure, je dirais que la santé auditive ne doit pas être négligée, et ce, à tout âge, y compris dans les âges avancés de la vie. Si la perte d'audition avec l'âge est un phénomène normal et banal, elle ne doit pas pour autant être banalisée. Nos résultats plaident en faveur d'un dépistage et d'une prise en charge des troubles auditifs de la personne âgée pour le maintien de sa santé sociale, psychologique et cognitive.

## Question de la salle

*Savez-vous s'il y a un lien entre déclin cognitif et déficience visuelle ?*

Hélène Amieva : Le lien est beaucoup moins fort. Il y a des études sur la question. C'est pour cela que j'ai parlé de capacités sensorielles qui sont importantes pour maintenir une bonne santé cognitive, mais il se trouve que le lien est moins fort entre perte visuelle et déclin cognitif.

*Merci pour votre exposé. Est-ce que ces études sont accessibles à partir d'un site ?*

Hélène Amieva : Les articles sont accessibles, mais en anglais. En français, vous pourrez trouver des résumés ou des communiqués de presse. Et je fais beaucoup de conférences en France ce qui a permis de faire connaître ces résultats.

*Dans vos graphiques vous indiquez un sur-risque, mais vous ne donnez pas un indicateur de quantité. De combien ce sur-risque est-il ?*

Hélène Amieva : Je n'ai pas voulu donner de chiffre. Mais on peut avoir un sur-risque sur une année de 2%, ce qui peut conduire sur 25 ans à un sur-risque de 50%. Ce n'est pas négligeable.

*Est-ce que vos résultats excluent une origine commune entre le déclin cognitif et la perte auditive ?*

Hélène Amieva : Non cela ne l'exclut pas. Il y a deux grandes hypothèses pour expliquer le lien entre perte d'audition et déclin cognitif ou démence. La première hypothèse est que lorsqu'on entend moins, le cerveau est moins stimulé, ce qui pourrait entraîner une atrophie cérébrale et donc une vulnérabilité vis-à-vis des maladies neurodégénératives. La seconde hypothèse est qu'il n'y a pas forcément de lien direct entre perte d'audition et démence par exemple, mais que ce sont des indicateurs indépendants d'un vieillissement accéléré. Ce qui pourrait signifier que si on est presbyacousique plus tôt, c'est peut-être parce qu'on présente un vieillissement global plus important. Ce vieillissement prématuré pouvant entraîner une plus grande vulnérabilité aux évènements de santé (hypertension, sarcopénie, etc.). Nos résultats ne permettent pas de trancher entre ces deux hypothèses, même s'ils sont plutôt en faveur de la première, sans toutefois le démontrer.

*Je travaille sur l'appareillage de patients atteints de maladie pulmonaire. Je réfléchis par comparaison. Y a-t-il des refus par rapport à une préconisation d'appareillage ?*

Hélène Amieva : Je ne suis pas certaine d'être la mieux placée pour répondre à cela. Cela a été signalé dans les précédentes interventions. Il y a deux freins majeurs traditionnellement rapportés. Le premier frein est financier. Il devrait en partie être levé par les nouvelles dispositions concernant la prise en charge des appareils. Mais ce n'est pas le seul. Ce qui le montre, c'est que dans les pays comme l'Angleterre ou le Danemark, où la prise en charge financière existe depuis longtemps, il n'y pas pour autant un dépistage complet des troubles auditifs. Cela veut dire qu'il y a aussi un frein dû aux stéréotypes sur la malentendance et sur le port d'une prothèse. On a tous dans notre imaginaire collectif le fait que porter un appareil est un signe de vieillissement avancé.

*Quelle est votre définition d'une personne âgée ?*

Hélène Amieva : Pour moi, on est âgé à partir du premier jour de la vie. Nous sommes tous dans un processus de vieillissement. J'aimerais démarrer nos cohortes d'études à l'année zéro, ce qui n'est pas possible, une vie de chercheur n'y suffirait pas. Donc la question et la réponse sont des sortes de boutades. Je pense néanmoins que l'on prépare son vieillissement tout au long de la vie, ce qui le rend complexe à appréhender.

*Nous avons fait un film intitulé 'vieillir en goûtant sa vie'.*
*L'important est de continuer à avoir des désirs. Dans les témoins que*
*nous avons interrogés, il y avait une femme sourde, qui ne pouvait*
*pas être appareillée et qui utilisait d'autres moyens de compensation,*
*notamment numériques. Elle avait par exemple une tablette dont elle*
*se servait beaucoup avec les personnes de son entourage.*
*Hospitalisée, ces supports ont été beaucoup plus compliqués à utiliser*
*avec le personnel médical que lorsqu'elle est à domicile. Mais peut-*
*être que ces usages peuvent aussi permettre de ne pas développer de*
*déclin cognitif ?*

Hélène Amieva : Effectivement, je pense que l'on est encore plus attaché à son environnement quand on a ces difficultés. Quand les personnes doivent entrer en institution, car elles n'ont plus suffisamment d'aidants, on remarque que leur adaptation à la maison de retraite ou à l'EPHAD est encore plus difficile. J'interviens aussi dans des institutions (EPHAD pour mes recherches), et on peut constater que le personnel n'est pas sensibilisé ni formé à la perte d'audition. C'est regrettable puisque cela touche 80% des résidents.

*Sait-on dans votre étude à quel âge l'appareillage a été porté et s'il y*
*a une influence de la durée du port de l'appareillage ?*

Hélène Amieva : Il y a beaucoup de questions que nous aurions pu insérer dans notre questionnaire... si nous avions su. Votre question est très pertinente, mais je ne peux pas y répondre, car cette information n'a pas été recueillie dans notre étude.

*Question complémentaire à celle-ci. Les orthophonistes auront peut-*
*être des données. La question est sur le lien entre freiner le déclin*
*cognitif (ou faire qu'il n'y en ait pas) et freiner la perte auditive dans*
*les surdités progressives. Il y a des données sur la diminution de la*
*perte auditive avec l'appareillage, est-ce qu'il y a un lien avec le*
*déclin cognitif ?*

Hélène Amieva : Les collègues orthophonistes ont l'air de dire qu'il n'y a pas encore de données sur ce point.

*Est-ce que le facteur 'environnement familial' est un facteur influençant la relation entre déclin cognitif et trouble auditif ? Est-ce que la relation de couple par exemple permet de ralentir la démence ou la dépendance ?*

Hélène Amieva : Nous n'avons pas testé les interactions avec toutes les variables. Je ne peux pas vous répondre sur ce point. En tous les cas, nous avons cherché à contrôler ces variables, dont le statut marital et le mode de vie. On peut dire qu'à statut équivalent, les personnes ayant un trouble de l'audition présentent un déclin plus important. On pourrait répondre à votre question en changeant le modèle statistique.

*Je voulais vous faire part des expériences actuelles à travers les Big Data. On est à un moment de révolution numérique dont on voit à peine l'émergence. L'intérêt des Big Data est de réduire le temps des études, parfois par 3, 4 ou 5. Cela pourrait être profitable pour vos recherches de travailler avec des Big Data.*

Hélène Amieva : Dans le centre de Recherche INSERM dans lequel je travaille, nous avons une équipe spécialisée dans les Big Data dans le domaine de la santé et nous participons à des études internationales en cherchant à 'pooler' nos données de cohortes avec d'autres cohortes dans le monde. Ce que je peux vous dire c'est qu'il ne faut pas être fasciné par ces Big Data qui dépendent quand même de la qualité des données recueillies. Et aujourd'hui, on est encore loin, malgré l'investissement financier important, d'en tirer quelque chose de fiable. Restons optimistes, tournés vers le futur, mais prudents !

# Partie 2

## L'adaptation
## aux prothèses auditives

# Réflexions sur la perception prothésée : comment (se) perçoit un malentendant ?

*Isabelle Dagneaux*

*Médecin et philosophe*

Au sein du panel interdisciplinaire que nous constituons, mon approche est principalement philosophique. C'est à ce titre là que l'on m'a demandé de parler aujourd'hui et je vais d'abord préciser cette approche. Mon intérêt premier comme philosophe est d'interroger les concepts, interroger les mots et révéler les enjeux sous-jacents aux concepts, mais aussi aux situations vécues. Ce qui m'intéresse en philosophie, c'est d'abord ce que vivent les personnes et comment à partir de réflexions philosophiques et d'analyses conceptuelles, on peut éclairer ce qui se vit par chacun. Et dans un troisième temps, si c'est possible, proposer une autre vision des choses.

J'ai terminé, il y a un peu plus d'un an, une thèse sur les sourds signants. C'est une thèse qui a puisé à des sources pluridisciplinaires, en philosophie, en médecine, en anthropologie, en sociologie et aussi dans les neurosciences. Je parlerai en particulier de ce dernier apport en passant des sourds aux malentendants. Mon approche est aussi forcément celle du médecin que j'ai été avant d'être philosophe, et que je suis puisque j'exerce la médecine générale. De plus ce qui fonde aussi mon approche est que je suis moi-même malentendante, avec une surdité progressive d'origine génétique, détectée à l'âge de 19 ans par ma mère qui était elle-même malentendante comme son père et mon arrière-grand-mère. Ma mère a été appareillée à l'âge de 50 ans, moi à 30 ans. Je considère que je suis devenue malentendante le jour où j'ai été appareillée. Parce que tout d'un coup j'ai réentendu des choses dont je m'étais à peine rendu compte que je ne les entendais plus, puisque c'était progressif. J'ai noté qu'Anne-Marie nous a dit aussi qu'elle était devenue sourde quand son troisième enfant est né alors qu'elle nous avait raconté qu'elle avait des problèmes d'oreilles depuis l'enfance. Il y a des dénominations qui viennent à certains moments de la vie et c'est vraiment intéressant de s'interroger sur ces moments charnières, ces moments de bascule et sur les mots qu'on y met.

Dans le contexte qui est le vôtre – et je me permets de dire, le nôtre – aujourd'hui, dans ce travail du collectif Corps & Prothèses que je trouve vraiment très intéressant, je me permettrai donc de temps en temps, ce que je ne me permets pas habituellement dans un contexte scientifique, de donner l'un ou l'autre exemple personnel.

Il y aura trois temps dans mon exposé : des clarifications sémantiques, à la fois pour qu'on parle de la même chose et parce que les mots veulent dire beaucoup de choses ; une réflexion sur les normes qui sont médicales, mais aussi sociales ; et une réflexion sur la perception dans les difficultés sensorielles auditives.

## Hypothèses de travail

Je proposerai deux hypothèses à soumettre à la discussion. La première est en lien avec le titre de ma présentation : comment perçoit ou comment se perçoit un malentendant ? Avec mes difficultés auditives, je me suis rendu compte qu'à force de faire des efforts pour comprendre ce qu'on me dit, je suis devenue meilleure en jeux de mots. Quand je m'interroge sur comment se perçoit le malentendant, je m'interroge sur *la perception de soi dans le corps social*. La situation d'un malentendant dans la société est fortement marquée par le langage utilisé pour parler des personnes malentendantes devenues sourdes et pour parler de l'expérience vécue ; mais aussi par l'image sociale de la malentendance. Cette première hypothèse sera abordée par les précisions sémantiques et de vocabulaire. Ma deuxième hypothèse est que la perception prothésée n'est pas une ancienne perception réparée, avec un retour à la norme antérieure. C'est un *nouveau mode perceptif*, une nouvelle façon de percevoir les choses et le monde environnant, où la prothèse et les aides techniques représentent effectivement une aide.

## Précisions sémantiques

Ces précisions de vocabulaire ont un double objectif :

1) savoir de quoi nous parlons, et parler de la même chose quand nous utilisons certains mots ;

2) mais aussi identifier et montrer combien notre usage des mots façonne notre perception de la réalité : le langage découpe le monde et influence notre perception. Nous n'avons par exemple qu'un mot en français pour dire 'blanc', mais les Esquimaux en ont plusieurs, car c'est essentiel pour eux pour caractériser les nuances de leur réalité.

La *surdité*, cela a été dit ce matin, est une diminution de l'audition, plus ou moins importante, définie en termes de décibels, et elle va en intensité croissante de légère à profonde. C'est plutôt un terme scientifique, médical. Quand on parle de *sourd*, c'est déjà nettement plus compliqué. Dans le langage courant, ce terme désigne quelqu'un qui entend vraiment très mal, quelqu'un qui a une perte auditive très importante.

Sourd, c'est aussi *sourd signant*. Vous savez que les locuteurs de la langue des signes se sont emparés de ce mot sourd pour le retourner par rapport à sa considération habituellement très péjorative. Je parle des expressions négatives comme 'sourd comme un pot', 'dur de la feuille' ou des réactions comme « Ne criez pas, je ne suis pas sourd ! ». Les sourds signants retournent ce mot en quelque chose de positif. On appelle cela en sociologie le retournement du stigmate (Goffman, 1975[7]). Sourd ne veut pas dire 'quelqu'un qui n'entend pas', cela veut dire 'quelqu'un qui parle la langue des signes'. Quand je parlerai de sourd, cela signifiera 'sourd signant'.

Les *malentendants* et les *devenus-sourds* sont des personnes qui ont une perte auditive acquise, généralement après une bonne acquisition du langage oral. J'ai trouvé dans les livres que j'ai lus un néologisme, celui de *malentendance* (Goust, 1998[8]). Il peut être employé pour ne pas parler de surdité dans ces situations.

Finalement, le critère ne semble pas être la courbe auditive ou le degré de surdité, mais c'est la langue utilisée : soit une langue des signes soit une langue vocale. Cela précise aussi les enjeux : le critère est-il axé sur le recevoir/entendre ou sur la langue avec laquelle je communique et j'interagis avec les autres ?

Je trouve que les mots ont tout leur poids. Le terme 'malentendant' est souvent utilisé parce qu'on trouve ce mot plus politiquement correct que le mot 'sourd'. Ayant changé de traitement de texte sur mon PC, j'ai un correcteur d'orthographe qui m'indique pour le mot 'sourd' la notation suivante : 'langage potentiellement offensant' et il suggère 'malentendant' !

Dans 'malentendant', il y a 'mal' : c'est mal parti ! D'ailleurs en LSF, c'est 'non-entendant'. C'est une négation et je ne trouve pas cela moins négatif que le terme 'sourd'. Si on fait attention aux mots, cela m'évoque tous les troubles 'dys' : dyslexie, dyscalculie, dysorthographie... J'ai cherché pour ma thèse un terme qui n'évoque pas un manque, mais ce n'est pas facile. Pour parler des

---

7    Goffman E. (1975). *Stigmate : les usages sociaux des handicaps*, Paris : Les Editions de Minuit.

8    Goust J. (1998). *Pour mieux vivre la malentendance au quotidien*. Albin Michel. OMS 1988.

sourds de naissance ou des sourds prélinguaux, j'ai fini par parler d'absence d'audition'. On est encore dans du manque, mais je trouvais cela un peu moins connoté négativement.

Cela nous montre que nous sommes dans un langage qui est perpétuellement en train de désigner une perte et un décalage par rapport à une certaine norme. Quelle est cette norme et d'où est-ce qu'elle vient ?

## Normes et définitions du handicap

### Normes en médecine

J'ai travaillé avec les écrits du philosophe Georges Canguilhem, philosophe et médecin du 20ᵉ siècle (1904-1995), qui a fait des études de médecine après la philosophie parce qu'il était intéressé par le vivant en général. Sa thèse de médecine en 1943, qui s'intitule *Le normal et le pathologique,* pose des questions, à partir d'observations qu'il a faites dans le milieu médical, sur l'usage des normes dans le milieu médical. Il commence par souligner l'étymologie du mot 'norme', qui vient de *norma* signifiant 'équerre'. C'est comme *ortho* en grec, signifiant 'droit', 'juste' que l'on retrouve dans orthophoniste, orthopédagogue. Ce terme d'orthopédagogue m'a choquée la première fois que je l'ai entendu, comme si pour s'occuper d'enfants handicapés, il fallait être encore plus droit ! Le terme orthophoniste est français : en Belgique on dit logopède, terme qui évoque davantage sur le langage.

Une chose que j'ai particulièrement appréciée chez Canguilhem, c'est qu'il montre qu'il y a une confusion assez répandue, largement inconsciente dans le milieu médical, sur le fait que la norme est soit une moyenne soit un idéal. Canguilhem (1943[9]) nous dit : « Ces constantes [physiologiques] sont qualifiées de normales en tant qu'elles désignent des caractères moyens et les plus fréquents de cas pratiquement observables. Mais elles sont aussi qualifiées de normales parce qu'elles entrent à titre d'idéal dans cette activité normative qu'est la thérapeutique. Les constantes physiologiques sont donc normales au sens statistique qui est un sens descriptif et au sens thérapeutique qui est un sens normatif » (p. 75).

9   Canguilhem, G. (1943). *Essai sur quelques problèmes concernant le normal et le pathologique. In Le normal et le pathologique* (1966). Paris : PUF.

Il y a souvent des confusions entre ces deux sens quand on fait référence à ces constantes dites 'normales'. Par exemple le taux de vitamine D a été fixé en le mesurant chez une population et la valeur moyenne est donnée comme la norme. Si je prends l'exemple du taux de cholestérol, il y a 25 ans, on faisait référence à la moyenne d'une population, mais on s'est rendu compte qu'en faisant baisser le taux de cholestérol, on évitait les accidents vasculaires. Donc actuellement la valeur à laquelle on compare votre taux de cholestérol est un idéal à atteindre pour ne pas avoir d'accident vasculaire, et non plus la moyenne de la population. La thérapeutique vise l'idéal et c'est très normatif.

*Définitions du handicap*

Une application de la définition de la norme se trouve dans la définition du handicap. J'ai relu dernièrement des écrits autour de la stigmatisation et de la peur de la stigmatisation (Goffman, 1975[10]; Wallhagen, 2009[11]). Dans la stigmatisation de l'appareillage auditif, il y a l'image de la vieillesse et du handicap. Pour un médecin, la surdité est un handicap sensoriel. Le handicap est un concept qui arrive au XXe siècle. Au XIXe siècle, on parle d'infirmités. Et quand il y a une volonté de compenser financièrement ou par des aides des personnes qui ont une infirmité, on commence à vouloir classifier et définir la notion de handicap. Cela se passe dans les années 70, avec une publication de l'OMS en 1980 (en anglais ; 1988 en français). Le handicap est conçu comme un désavantage social et il est la conséquence d'une déficience qui vient d'une maladie. Le schéma ci-dessous est la première façon de mettre en relation des termes définis par l'OMS en 1980.

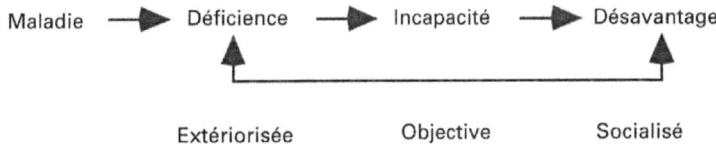

Figure 1: Relations entre déficience et handicap (désavantage social) selon la Classification Internationale du Handicap (CIH - OMS – 1988)

10 *Ibid.*
11 Wallhagen M.I. (2009). The Stigma of Hearing Loss, *The Gerontologist*, 50(1),66-75.

Comment est définie la déficience ? La déficience est définie comme « toute perte de substance ou altération d'une structure ou fonction psychologique, physiologique ou anatomique » (OMS, 1988, p. 23). Elle peut être congénitale ou acquise, et est qualifiée de « déviation par rapport à une certaine norme biomédicale de l'individu » (p. 24). L'incapacité indique quant à elle « toute réduction (résultant d'une déficience), partielle ou totale, de la capacité d'accomplir une activité d'une façon ou dans les limites considérées comme normales pour un être humain » (p. 24). Il y a désavantage social (ou handicap), lorsque la déficience ou l'incapacité « limite ou interdit l'accomplissement d'un rôle normal en rapport avec l'âge, le sexe, les facteurs sociaux et culturels » (p. 25). C'est ce que l'on appelle le modèle individuel du handicap. Un individu a une maladie qui provoque une déficience qui peut déboucher sur une incapacité, voire un handicap (Figure 1). C'est l'individu qui est responsable de son handicap et pour diminuer ce handicap, il faut diminuer la déficience. Il faut que l'individu s'adapte.

En réaction à ce modèle individuel, s'est développé un modèle social du handicap, qui fait beaucoup plus intervenir l'environnement. Une personne a un déficit dans un environnement qui n'est pas adapté. Quelqu'un qui mesure 1,40 m chez les pygmées n'a pas de problème ; ce n'est pas le cas chez nous.

En 2001, ces définitions du handicap ont été revues pour tenir compte davantage de l'environnement. Cependant, les définitions restent très marquées par les premières définitions et leur caractère normatif : « Les déficiences représentent des écarts par rapport à certaines normes généralement acceptées de l'état biomédical du corps et de ses fonctions. La définition de leurs composantes repose principalement sur le jugement des personnes compétentes pour évaluer le fonctionnement physique et mental par rapport à des normes généralement reconnues ». Et : « Les limitations et les restrictions sont estimées par rapport à une norme généralement acceptée dans une population donnée. La norme par rapport à laquelle on évalue la capacité et la performance d'une personne donnée est la capacité ou la performance d'une personne qui ne présente pas le même problème de santé (maladie, trouble ou lésion) » (OMS, CIF, 2001). On remarque que la norme est très subjective, en tous les cas très idéale.


*Normes, handicap et participation sociale*

Je reviens à Canguilhem qui se posait la question de l'origine des normes médicales. En 1943, il en identifie trois : la physiologie, l'expérience du médecin et la représentation commune dans le milieu social. Il dit : « Ce qui prime, c'est la physiologie ». Heureusement il est revenu sur la question en 1966 en prenant en compte les normes sociales. La représentation commune dans un milieu social a une influence énorme. Elle a une influence sur la façon dont on va considérer la thérapeutique, l'appareillage, car en général, pour un médecin, guérir veut dire revenir à la norme antérieure. Canguilhem avait surtout une vision de la maladie aiguë alors que ce qui occupe principalement nos systèmes de santé actuels, en Occident, ce sont le handicap et les maladies chroniques. Dans ces cas, on ne peut plus prétendre que guérir, ou avoir une action thérapeutique, ce soit pour revenir à la norme antérieure ou à l'état antérieur de l'individu avant qu'il ne tombe malade. Cela a une influence aussi sur comment on va concevoir le rôle de la prothèse. La prothèse est-elle là pour aider ? Ou pour « réparer » une fonction déficiente (« réparer » est un peu provocant) ? Est-ce qu'on considère que la prothèse va régler le problème ou est-ce qu'on considère que c'est une aide parmi d'autres ? Avec mon expérience de malentendante, la deuxième option me semble évidente. Mais je rencontre des médecins ORL qui défendent l'idée qu'avec l'implant cochléaire et surtout l'implantation bilatérale, il n'y a plus besoin de proposer d'enseignement bilingue, parce que les implants sont LA solution à la surdité.

Puisque j'ai parlé du modèle du handicap, je vais faire un petit aparté pour envisager comment favoriser la participation des malentendants. Le schéma ci-dessous représente le modèle de Fougeyrollas et al. (1998[12], Figure 2), c'est une proposition d'intégration du modèle individuel et du modèle social du handicap, avec beaucoup de nuances. On a vraiment une interaction entre les facteurs personnels et les facteurs environnementaux, une interaction qui donne ou pas une situation de handicap ou une situation de participation sociale. En l'absence d'une déficience, d'un trouble, d'une maladie, si on a un environnement facilitateur, on peut atteindre une participation sociale. Donc pour favoriser la participation des malentendants, il faut travailler sur l'audition avec l'appareillage, l'implant, les aides techniques, c'est-à-dire sur la réception du langage, mais il faut aussi travailler sur le milieu et sur la production du langage : il faut un langage clair, accessible, dans un milieu calme, avec une boucle à induction magnétique, avec des locaux adaptés où ça ne résonne pas, etc. Pourquoi ? 1) Pour être plus efficient, car si on travaille des deux côtés, ça va être beaucoup plus efficace. 2) Il y a aussi une question de solidarité en société, que chacun puisse faire un pas pour aller vers cette meilleure intégration.

---

12 Fougeyrollas, P., Cloutier, R., Bergeron, H., Côté, J., & Saint Michel, G. (1998). *Classification québécoise Processus de production du handicap*. Québec : RIPPH/SCCIDIH.

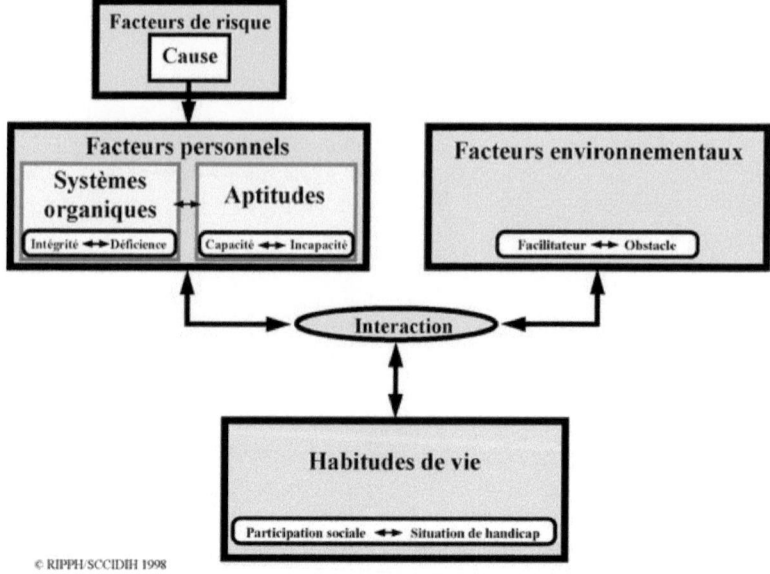

© RIPPH/SCCIDIH 1998

Figure 2 : Schéma reproduit avec l'aimable autorisation du Réseau international sur le Processus de production du handicap (RIPPH) – Québec Fougeyrolas et al., 1998).

## La perception et les conséquences de la diminution de l'audition

Je vais aborder maintenant un point sur la perception, en commençant par m'interroger sur les conséquences de la diminution de l'audition. Quand on consulte la littérature, on trouve des écrits sur les difficultés de communication des malentendants, l'isolement social, la frustration, le manque d'informations, etc. Je voudrais aller encore un peu plus loin pour parler vraiment de relation au monde, au son, aux informations sonores, aux alertes, aux informations culturelles et sociales. On peut noter des différences nettes chez les enfants sourds (même ceux qui sont en classe bilingue, qui sont très bien intégrés), en termes de vocabulaire, de culture générale, car ils ne bénéficient pas du bain culturel et social qui passe par la radio, la télé, donc par les informations sonores du monde. Dans la relation au monde des malentendants ou devenus-sourds, il y a ce qui manque en termes de sons, mais il y a aussi ce qui est perçu différemment. La lumière, les images, le champ visuel, les odeurs, tout cela interagit différemment ; et davantage encore si on y prête attention : certaines personnes apprennent seules la lecture labiale en étant volontairement très attentives au mouvement des lèvres de leurs interlocuteurs. Personnellement, j'ai remarqué après mon appareillage que mon champ visuel était plus large que je ne l'imaginais et pouvait m'apporter des informations utiles, par exemple quand quelqu'un s'approche et que je n'ai pas entendu.

Il me semble aussi que la perte d'audition a des conséquences sur la perception de soi, parfois très physiquement. On perçoit différemment son corps au niveau interne. Pendant ma thèse, j'ai cherché des sources sur le schéma corporel des sourds et j'ai constaté que le sujet est totalement vierge. Pour aller plus loin, il y aurait beaucoup à explorer à propos de la perception de soi au sein d'un corps social, avec l'image renvoyée par les autres, le langage, la stigmatisation...

### Suppléance et compensation

Les philosophes des XVIIe et XVIIIe siècles (Locke, Condillac, Diderot...) s'étaient intéressés aux sourds, car ils se demandaient comment notre connaissance est influencée par notre perception. Ils appelaient cela « l'entendement », on dit « cognition » aujourd'hui. Ils s'intéressaient aux sourds et aux aveugles de façon assez théorique, sans en avoir rencontrés beaucoup et se demandaient s'il nous manque une part de connaissance du monde quand il nous manque un sens. Le premier disait « oui » et en un siècle et demi, cela a évolué vers la notion de suppléance ou de compensation qu'on retrouve aujourd'hui en neurosciences. Est-ce que des informations peuvent parvenir par d'autres voies ? En neurosciences, on parle de suppléance et de compensation. Je voudrais souligner combien ces termes 'compenser', 'suppléer' sont de l'ordre du palliatif. On doit pallier ce qui manque. On est de nouveau dans un registre de l'ordre du manque, du négatif. Je voudrais insister sur le fait qu'il reste un lien tacite entre surdité et âge, mais aussi entre surdité et déficit mental. Quand on comprend de travers, on est pris pour un idiot, ce qui n'est jamais le cas quand on porte des lunettes. Historiquement les enfants sourds ont été longtemps considérés comme débiles. C'est sans doute à relier au fait que le lien entre langage, cognition et culture est très fort. Même si le déficit visuel empêche l'accès à toute une série d'informations, il ne touche pas à la langue vocale qui est habituellement la première façon dont l'être humain apprend le langage.

### Plasticité cérébrale et intégration multisensorielle

En ce qui concerne les mécanismes de suppléance, Benoit Virole rappelle que : « Les psychologues expérimentalistes de la fin du siècle dernier avaient commencé par mesurer l'acuité visuelle de sourds pour voir si l'œil n'avait pas acquis des performances nouvelles à la suite du défaut de l'oreille. Sans résultat bien évidemment, car on sait depuis les travaux de Ferrai (1899) qu'il ne peut exister de suppléance dans les performances fonctionnelles d'un organe, mais dans une utilisation différente des données venant des différents organes des sens » (Virole, 2006[13], p. 54). On est dans l'intégration des sens, la perception multimodale. Ce mécanisme de suppléance est possible grâce à deux notions. En premier lieu, la plasticité cérébrale qui est la capacité pour le système nerveux de changer en créant de nouvelles connexions, en modifiant la microarchitecture du cerveau pour rendre possibles des fonctions qui étaient jusque-là latentes. Bien qu'on pense cette plasticité cérébrale maximale au début de la vie, elle reste très utile et sans doute très prégnante tout au long de la vie et elle permet les adaptations et les apprentissages. On a habituellement des apports d'informations sur le monde par cinq sens. Quand un sens est déficitaire, on n'a pas « juste » un sens en moins. Il est probable que les autres sens se remodèlent autour, car la perception est multisensorielle. La seconde notion importante pour cette suppléance sensorielle est la notion de redondance sensorielle, qui a au moins deux significations. Tout d'abord un évènement peut nous parvenir par plusieurs sens (parfois). Par exemple, quand un oiseau s'envole, je le vois, je l'entends et éventuellement il y a un déplacement d'air si je suis assez proche. C'est une situation où il y a trois sources d'information sensorielle qui concourent à m'informer sur un évènement. En cas de surdité progressive, on ne remarque pas que l'on n'entend plus l'oiseau (on peut en retrouver la perception quand on est appareillé), mais les autres informations peuvent suffire. L'autre acception de la redondance correspond au fait que par rapport à une action bien précise, il y a trop d'informations perceptives qui nous parviennent par rapport à la *visée* de l'action. Ainsi quand je dois prendre une poêle dans laquelle est en train de cuire quelque chose, ma perception va être focalisée sur la chaleur pour ne pas me bruler et sur son poids pour la soulever, mais pas sur sa couleur ni sa douceur au toucher ou le matériau qui la compose. Même si je peux percevoir tout cela. La couleur pourra être importante quand je demanderai à mon fils de sortir la poêle rouge et non la verte (car je sais qu'elle est trop grande). Par rapport à une action précise, on reçoit trop d'informations et le cerveau doit trier dans les informations perceptives au point qu'on a l'impression de ne plus les percevoir.

*Perception en présence d'un déficit et perception prothésée*

Il fallait parler de ces notions pour pouvoir envisager que la perception d'un malentendant puisse être pas simplement déficitaire, mais différente. En ingénierie biomédicale, si on a un sens qui dysfonctionne, on a deux solutions. Soit on utilise une autre voie sensorielle : par exemple on peut transmettre une information visuelle sur la langue, mais ce transfert d'une information visuelle au toucher nécessitera une rééducation. Soit on stimule directement les voies de conduction : c'est typiquement le cas de l'implant cochléaire et des recherches expérimentales sont en cours au niveau visuel de stimulation du nerf optique à partir de capteurs. Mon hypothèse est que la

---

13  Virole, B. (2006). *Psychologie de la surdité* (3ᵉᵐᵉ éd.). Bruxelles : De Boeck Université.

prothèse, même simple, sans parler de l'implant cochléaire, nous fournit d'autres stimuli, auxquels il faut (re)donner sens. Cela demande de la rééducation, de l'adaptation et du temps. Le temps que le cerveau recrée des connexions, modifie sa microarchitecture. Cela demande des exercices de la part de celui qui est appareillé et cela demande de la bienveillance de la part de l'entourage, si on prend en compte les deux versants de la participation sociale.

## Normativité et créativité

Une autre notion intéressante est celle de la normativité dont parle le philosophe Canguilhem après avoir analysé l'origine des normes en médecine. Le sens qu'il donne à ce terme est le fait de recréer de nouvelles normes ou nouvelles formes de vie. Les sourds signants sont un peu provocants en disant qu'ils ne sont pas handicapés, qu'ils sont une minorité culturelle. Ils défendent une nouvelle norme de vie : pour eux, être sourd ne veut pas dire ne pas entendre, mais signifie parler une autre langue. À partir de cette position, on peut construire quelque chose de positif, ce qu'on appelle en anglais le *deaf gain*, le gain d'être sourd, qui leur donne un autre regard sur le monde. Ils font une architecture différente, de la photographie autrement, car ils tiennent compte différemment de l'espace et de la lumière. Cela participe de la créativité du vivant, c'est-à-dire la capacité de l'humain, à partir de ses limites et de ses manques, à rebondir et à créer du nouveau. C'est, je pense, ce qui pourrait ouvrir une voie pour des malentendants. Les malentendants sont devant un choix : soit focaliser sur ce qui manque, soit regarder ce qui émerge dans l'adaptation, dans la créativité du vivant : tout ce qui est de l'ordre du visuel, de la lumière, d'une utilisation différente des autres sens. Cela pose la question de l'identité pour les malentendants. Quand les Sourds disent 'nous sommes une minorité culturelle et linguistique', ils posent une identité positive et collective. Ils ont un élément rassembleur fort : les langues des signes. Il faut réfléchir si cela est possible pour les malentendants. On peut comparer dans le monde du travail, la grande difficulté des chômeurs à se mobiliser ensemble. Parce que les chômeurs sont des sans-emploi et ils espèrent ne pas le rester. Donc il est difficile d'investir dans quelque chose de collectif et d'associatif si on espère ne plus y être et si on est considéré comme des personnes sans quelque chose. Ce qui mobilise ensemble, c'est un agir positif ensemble, c'est de faire quelque chose de constructif ensemble. Par exemple ce qui est de l'ordre de l'associatif quand vous demandez une adaptation, ou le respect d'une loi, cela va dans ce sens-là.

## Conclusion

Ainsi en parlant du poids des mots, de l'influence des normes et de comment on peut revisiter la perception, j'espère avoir donné des pistes pour réinventer ou créer une autre vision, en d'autres mots pour laisser place ensemble à notre créativité.

## Questions de la salle

*Je vous remercie d'avoir fait référence à Canguilhem, car il est un des concepteurs, non pas de la maladie, mais de la santé. Il parlait d'un système social de la santé, ce qui permet de donner une vision large de ce qu'est une maladie. Cela m'a fait plaisir de vous entendre reprendre sa pensée.*

Isabelle Dagneaux : La santé pour Canguilhem, c'est la capacité normative du vivant, la capacité en cas de situation de changement dans l'environnement, dans le corps de l'individu, la capacité à créer d'autres normes. Dans ce cadre-là, la santé se conçoit aussi avec une maladie chronique, avec un handicap.

*Vous avez relevé le changement de terminologie, de sourd à malentendant : est-ce qu'il y a d'autres expressions qui sont apparues à un moment ou pas du tout ? On peut jouer avec l'étymologie et donner plein d'autres mots à partir d'entendants, en mettant sous-entendant, dys-entendant, etc. Est-ce qu'il y a eu d'autres tentatives ? Pourquoi est-ce malentendant ? Est-ce qu'il y avait déjà une antériorité historique du mot malentendant ? Et dans les autres langues, comment ça se passe ?*

Isabelle Dagneaux : C'est une bonne question qui va me donner du fil à tisser. Je n'ai pas regardé dans les autres langues, merci de la suggestion. Je n'ai jamais entendu sous- ou dys-entendant. On dit malentendant, comme on dit malvoyant, ce qui exprime aussi bien la réalité physiologique, le fait que la qualité, pas seulement la quantité, est aussi touchée.

Une personne de la salle : À une époque est sorti le terme de déficient auditif et il y a eu en France une union d'associations de personnes qui avaient des problèmes auditifs, qui s'est appelée UNISDA et il y avait ce terme de déficient auditif. Et beaucoup de personnes ont exprimé que ce terme les définissait bien : ni sourd, ni malentendant, mais déficient auditif.

Mais ce terme n'a pas pris, je pense, à cause du mot déficient. En tous les cas, malentendant, c'est quand même récent comme mot, comme celui de malvoyant et je pense que ça a été créé dans le politiquement correct pour éliminer le terme de sourd, et élargir la population concernée. Je préfère quant à moi, dire que je suis devenue-sourde pour garder le mot sourde, mais aussi pour insister sur le fait que je n'étais pas sourde avant, que je le suis devenue. Mais je dois aussi dire que je me suis habituée maintenant au terme malentendant et qu'il me choque moins que lorsqu'il était apparu. Chacun doit s'approprier le terme qui convient.

*Merci Madame Dagneaux, pour votre réflexion qui est très stimulante. Il est vrai qu'on a eu tendance à labelliser les gens avec des termes commençant par 'sans' comme sans-domicile, etc. donc en insistant sur les manques. Il y a maintenant une habitude pour nommer les gens de parler de personnes atteintes de... personnes atteintes de la maladie d'Alzheimer, de maladie génétique. On désigne certes la maladie ou les symptômes, mais on continue à voir la personne comme une personne. Est-ce qu'on le dit pour les personnes atteintes de surdité ? L'autre question, c'est de savoir comment les personnes peuvent se fédérer sur cette volonté de mettre en avant les apports plutôt que les manques ?*

Isabelle Dagneaux : C'est un difficile équilibre entre une étiquette qui risque soit de stigmatiser soit d'essentialiser, c'est-à-dire réduire la personne à son handicap. J'ai côtoyé une personne avec une infirmité cérébrale qui me disait : 'J'aimerais bien certains jours déposer mon handicap comme Michel pose son manteau au portemanteau'. On est 'atteint de' ou porteur de', mais en même temps on ne sait pas s'en débarrasser et on ne veut pas être réduit à cela. C'est complexe et c'est important d'écouter chacun sur cet usage de certains termes.

*Vous terminez en disant que vous êtes prête pour une nouvelle créativité. Mais pour les sourds profonds, les sourds gestuels notamment, est-ce que ce n'est pas plutôt un autre monde qui est différent du nôtre ?*

Isabelle Dagneaux : Les Sourds sont immergés dans le monde entendant et ont une façon bien à eux de percevoir le monde. De temps en temps, ils rêvent d'un monde sourd à part, mais ce n'est juste pas possible. Ils se réclament d'une culture sourde, que je suis prête à défendre, fondamentalement parce qu'il y a une langue et que le lien entre culture et langue est vraiment important. Mais ils sont aussi fondamentalement imprégnés de ce qu'ils appellent le monde des entendants, dont ils ne peuvent absolument pas se couper. Donc ce n'est pas un autre monde, il y a pour moi une intersection très importante. Lorsque je suis devenue malentendante, j'ai eu la chance de rencontrer un médecin, qui était devenu-sourd, et qui s'était engagé dans la Fédération des sourds. Et je suis une rare malentendante à avoir côtoyé des sourds, je trouve qu'on n'est pas beaucoup et qu'effectivement il y a une scission entre les malentendants devenus-sourds et les sourds signants. Alors que je pense que les sourds signants ont vraiment beaucoup de choses à nous apprendre et que nous avons des choses sur lesquelles nous pouvons les interpeller. Il y a une reconnaissance de la réalité assez différente, l'usage préférentiel d'une langue différente, mais par rapport à la façon de se situer dans la société, nous avons beaucoup de choses à nous apprendre mutuellement. Les sourds se sont mis à distance, ce qui ne se justifie pas toujours. Nous les malentendants, on est en plein dedans, mais en sentant un décalage. On est assis entre deux chaises entre les sourds et les entendants. Mais je pense qu'il y a moyen de faire d'autres choses.

*Quelque chose me gêne, c'est l'utilisation du terme de maladie. Je suis malentendant, mais je ne suis pas malade. Je suis en bonne santé et je vais bien.*

Isabelle Dagneaux : Oui, quand je parle de maladie, je parle de handicap et de maladie chronique. Dans la définition de l'OMS en 1980, la déficience est le résultat d'une maladie ou d'un trouble.

*Je voudrais dire que votre cas est exemplaire. Vous avez commencé philo et après médecine, ou alors médecine et après philo ? Vous avez dit que vous êtes médecin généraliste. Quand on vient chez un médecin, on parle pour expliquer les symptômes, etc. Y a-t-il des médecins sourds ? Des médecins sourds ORL ?*

Isabelle Dagneaux : Ma mère voulait que je sois ORL, car je n'aurais pas eu besoin d'utiliser un stéthoscope. C'est un défi quand même. Au début c'était compliqué, les appareils et le stéthoscope, ça n'allait pas ensemble. Maintenant avec les appareils *open*, ça va mieux. Médecins sourds ORL, je n'en connais pas. Il y a maintenant davantage de sourds qui font des études. Pas de médecins encore, mais des consultations en Langue des signes en une douzaine d'endroits en France. Il y a des infirmières et des kinésithérapeutes sourds.

*Je me suis amusée à prendre le traducteur de mon smartphone et j'ai mis « malentendant ». Espagnol : « problemas des audition » ; anglais : « hard of hearing » ; italien : « duro d'orecchio » ; esperanto : « malbone aŭdas » ; latin : « vix auditus » ; et allemand : « schwerhörige ».*

Isabelle Dagneaux : Merci beaucoup.

# Intégration multisensorielle en parole

## Marie-Agnès Cathiard

Maître de Conférences en Sciences du Langage
Université Grenoble Alpes

La modalité auditive, à l'évidence première pour percevoir la parole, a été beaucoup évoquée par les intervenants qui m'ont précédée. Mais nous utilisons aussi la modalité visuelle, que nous soyons malentendants ou entendants. Anne-Marie Choupin a évoqué dans son témoignage la lecture labiale comme essentielle. Nous nous concentrerons dans un premier temps sur ces deux modalités sensorielles, que sont l'audition et la vision.

### Les apports de la modalité visuelle

Voir le visage de la personne qui parle aide les personnes entendantes à comprendre la parole, tout d'abord dans un environnement sonore bruyant (résultat déjà ancien depuis Sumby & Pollack[14], 1954, pour l'anglais, à Mohamadi & Benoît[15], 1992, en français). Dans ces études, il s'agit de comparer la performance en condition d'écoute auditive dans le bruit à la performance en condition d'écoute avec la vue du visage, soit en bimodalité audiovisuelle. Sur la figure 1, on voit que plus le bruit augmente, moins on perçoit de syllabes ou de mots auditivement (courbe en carrés noirs). En ajoutant à l'audio bruité, le visage du locuteur (courbe en carrés blancs), on comprend davantage de mots : c'est le gain apporté par la vue des lèvres, qui sera d'autant plus important que le signal acoustique est bruité.

---

14  Sumby W.H. & Pollack I. (1954). Visual contribution to speech intelligibility in noise. *Journal of the Acoustic Society of America*, 26(2), 212-215.

15  Mohamadi T. & Benoît C. (1992). Apport de la vision du locuteur à l'intelligibilité de la parole bruitée en français. *Bulletin de la Communication Parlée*, 2, 31-41.

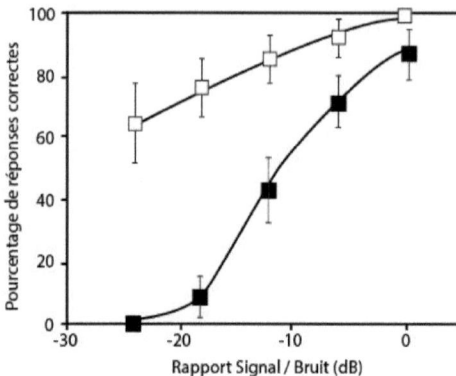

Figure 1 : Pourcentages moyens d'identification de logatomes CV (voyelle et consonne correctes) en présentation auditive (carrés noirs) et audiovisuelle (carrés blancs) en fonction de la dégradation du signal audio (6 rapports signal sur bruit de 0 à -30 dB par pas de 6 dB). Les écarts-types des réponses individuelles sont figurés par les segments de droite verticaux sur chaque point de mesure. Les courbes joignant les 5 points ont été obtenues par interpolation. (D'après Mohamadi & Benoît, 1992)

On sait peut-être moins que les entendants peuvent être aidés par la vue du visage même dans un environnement sonore calme (Reisberg[16] et al., 1987) avec un gain en situation audiovisuelle par rapport à une écoute auditive seule pouvant aller jusqu'à 20%. Les personnes ne sont pas testées dans le bruit, mais dans une situation où la perception va être difficile (un locuteur avec un accent étranger ou un texte sémantiquement complexe comme la *Critique de la raison pure* de Kant, avec une tache de *shadowing* consistant à répéter ce qui vient d'être articulé au plus près du locuteur).

Cet effet bénéfique de l'ajout de la modalité visuelle est également connu chez les personnes malentendantes dans un environnement sonore calme, comme dans un environnement sonore bruyant. Mais avec des difficultés supplémentaires, déjà évoquées par Adrien Christophe :

– en raison de distorsions du signal de parole dues au déficit auditif (atteintes de certaines fréquences par exemple) ;

– parce que les processus d'analyse de scène (Bregman[17], 1990), c'est-à-dire la capacité à séparer plusieurs sources sonores et en isoler une pour suivre une voix, sont affaiblis ;

– alors que les personnes entendantes sont capables de suivre une conversation parmi plusieurs voix et bruits environnants, les personnes malentendantes sont en difficulté, et ce même lorsqu'elles sont appareillées : elles ne parviennent plus à réaliser le démasquage de la

---

16  Reisberg D., McLean J. & Goldfield A. (1987). Easy to ear but hard to understand : a lipreading advantage with intact auditory stimuli. In B. Dodd & R. Campbell (Eds.), *Hearing by eye: The psychology of lipreading*, pp. 97-113, London, Lawrence Erlbaum Associates.

17  Bregman A. S. (1990). *Auditory Scene Analysis. The Perceptual Organization of Sound*. MIT Press.

parole (Gnansia[18], 2012), soit la capacité à identifier la parole dans du bruit fluctuant (Lorenzi[19] et al, 2006 ; Léger[20] et al., 2012).

## La notion de visèmes

La lecture labiale est « l'aptitude à comprendre l'association entre les mouvements bucco-linguaux et les sons correspondants et à utiliser ses habiletés métalinguistiques pour induire le sens du message oral » *(Classification québécoise du Processus de production du handicap : Fougeyrollas[21] et al., 1998).* Cette définition se centre à la fois sur les mouvements labiaux et buccaux (la lecture labiale analytique), mais aussi les habiletés métalinguistiques. On sait que la lecture labiale ne permet pas d'accéder à toutes les informations nécessaires pour comprendre la parole. Plusieurs sons ont en effet une même forme labiale, ce qui empêche de les distinguer visuellement : on les appelle des sosies labiaux ou visèmes (Fischer[22], 1968).

En français, on dispose à l'oral de 14 voyelles et 21 consonnes. Mais seulement 4 formes labiales pour ces voyelles et 7 formes aux lèvres pour les consonnes, ce qui rend la perception visuelle de la parole très compliquée (pour des photos des lèvres et des schémas des formes labiales, cf. Rebière[23] & Cathiard, 2020). Considérons par exemple le visème (p, b, m) : ces trois consonnes dites « bilabiales » se réalisent avec les lèvres fermées ; ce qui les distingue entre elles n'étant pas visible, comme la vibration des cordes vocales ou encore le passage de l'air par le nez. Il n'est donc pas aisé de lire la parole sur les lèvres.

## La complémentarité audiovisuelle

Par chance pour les personnes entendantes dans le bruit - et aussi dans une certaine mesure pour les personnes malentendantes -, il existe une

18 Gnansia D. (2009). Intelligibilité dans le bruit et démasquage de la parole chez les sujets normo-entendants, malentendants et implantés cochléaires. *Les cahiers de l'audition*, 22(6), 9-37.

19 Lorenzi C., Gilbert G., Carn H., Garnier S. & Moore B.C. (2006). Speech perception problems of the hearing impaired reflect inability to use temporal fine structure. *Proceedings of the National Academy of Sciences*, 103(49), pp. 18866-18869.

20 Léger A.., Moore B.C. & Lorenzi C. (2012). Temporal and spectral masking release in low- and mid-frequency regions for normal-hearing and hearing-impaired listeners. *The Journal of the Acoustical Society of America*, 131(2), 1502-1514.

21 Fougeyrollas P., Cloutier R., Bergeron H., Côté J. & Saint Michel G. (1998). Classification québécoise Processus de production du handicap. Québec : RIPPH/SCCIDIH.

22 Fisher, C.G. (1968). Confusions among visually perceived consonants. *Journal of Speech and Hearing Research*, 11, 796-804.

23 Rebière C. & Cathiard M.-A. (2020). *La lecture labiale pour l'adulte devenu sourd. Manuel d'apprentissage.* De Boeck.

complémentarité entre les informations auditives et les informations visuelles. En prenant l'exemple des voyelles, la dimension d'arrondissement/étirement des lèvres, comme dans « u » versus « i », est très rapidement mal perçue dans le bruit ou en cas de malentendance. Car les fréquences qui distinguent ces deux voyelles sont relativement aiguës (3000-3500 Hz pour le « i » et autour de 2000 Hz pour le « u »). Cette partie haute du spectre acoustique est la plus fragile au bruit. Dans le bruit on ne distingue plus « pile » et « pull », mais on distinguera assez bien « poule » qui a des fréquences plus graves. En lecture labiale, on voit bien les lèvres étirées de « pile », mais on ne distingue pas « pull » de « poule ». Si on combine les informations auditives et visuelles : « pile » et « pull » seront distingués sur les lèvres et l'audio permettra de distinguer « pull » de « poule ». L'explication est un peu schématique, mais permet de comprendre l'idée de complémentarité (Robert-Ribès[24], 1994). Il existe aussi une complémentarité audiovisuelle pour les consonnes puisque certaines caractéristiques, aisément masquées dans du bruit, comme les lieux d'articulation des consonnes (bilabial, labiodental, etc.) seront perceptibles visuellement. On retiendra que, pour une personne malentendante comme pour une personne entendante, la perception audiovisuelle sera toujours meilleure par rapport à l'audition seule.

## La lecture labiale, une compétence variable, mais perfectible

La lecture labiale est une compétence variable chez les entendants comme chez les malentendants. Cela a été bien mis en évidence par une étude de Bernstein[25] et al. (2000) avec une centaine de sujets. Le chiffre classiquement évoqué de 30% de compréhension en lecture labiale correspond à l'identification de syllabes sans sens. Entendants et malentendants sont quasiment à égalité dans cette tâche. Si on présente des mots isolés, l'identification est encore plus faible : 20% en moyenne chez les malentendants et 10% chez les entendants. Mais on observe que 25% des malentendants sont meilleurs lecteurs labiaux que les meilleurs des entendants. La performance de mots dans des phrases est meilleure et très variable selon les individus : certains malentendants et entendants pouvant être en grande difficulté avec des scores quasi nuls, tandis que les malentendants les plus performants en lecture labiale peuvent atteindre jusqu'à 85% d'identification correcte.

24 Robert-Ribès J. (1994). *Modèles d'intégration audiovisuelle de signaux linguistiques : de la perception humaine à la reconnaissance automatique des voyelles*. Thèse en Sciences Appliquées, INP Grenoble.

25 Bernstein L.E., Demorest M.E. & Tucker P.E. (2000). Speech perception without hearing. *Perception & Psychophysics*, 62(2), 233-252.

Par ailleurs, la lecture labiale est une capacité qui est peu en lien avec des compétences cognitives ou perceptives. Seule corrélation connue à ce jour, celle mise en évidence par Mac Leod & Summerfield[26] (1990), qui montre que meilleur lecteur labial on est, plus on tire avantage de la modalité visuelle en situation de bruit, avec un gain variable selon les sujets, de +2dB à +11dB.

Bien qu'on ne soit pas égaux face à cette capacité, et parfois très mauvais, il reste que la lecture labiale est une capacité qui est perfectible. Dans le cadre d'une collaboration avec le CHU de Grenoble (Cathiard[27] et al., 2015), nous avons suivi 18 personnes avec une surdité moyenne à sévère, appareillées, ayant reçu un entraînement collectif à la lecture labiale de 15 semaines. Des tests d'identification de syllabes sans sens ont été proposés avant et après apprentissage. On retrouve une meilleure compréhension en condition audiovisuelle par rapport à l'audition seule. Surtout on observe un effet significatif de l'entraînement en lecture labiale en condition visuelle. Ainsi la lecture labiale est intéressante en complément des restes auditifs, sans et avec appareillage et l'entraînement à la lecture labiale est possible.

Pour compléter l'apprentissage analytique ou *coding*, il est nécessaire d'entraîner aussi le traitement des informations linguistiques de plus haut niveau : unités plus longues que le mot, contexte d'énonciation (Goebel[28], 2013) et mobilisation des niveaux cognitifs tels que l'attention, la mémoire, etc. : c'est le *guessing* (Lyxell & Rönnberg[29], 1987), plus souvent désigné en français sous le terme de 'suppléance mentale'.

## Que sait-on de l'intégration audiovisuelle chez les malentendants par rapport aux entendants ?

Une idée a longtemps prévalu que les personnes malentendantes âgées deviendraient de meilleurs lecteurs labiaux parce que leur déficit auditif les contraindrait à utiliser l'information visuelle. Tye-Murray[30] et al. (2007) ont testé cette hypothèse en évaluant la perception de personnes de +65 ans

26 MacLeod A. & Summerfield A.Q. (1990). A procedure for measuring auditory and audio-visual speech-reception thresholds for sentences in noise : rationale, evaluation, and recommendations for use. *British Journal of Audiology*, 24(1), 29-43.

27 Cathiard M.-A., Gavard-Boitier A., Moniot E., Rebière C. & Fluttaz A.-M. (2015). Apprentissage de la lecture labiale par des adultes devenus-sourds. *Revue Glossa*, 117, 43-62.

28 Goebel S. L. (2013). Effects of type of context on use of context while lipreading and listening. Independent Studies and Capstones.Paper 677. Program in Audiology and Communication Sciences, Washington Univ. School of Medicine. http://digitalcommons.wustl.edu/pacs_capstones/677

29 Lyxell B. & Rönnberg J. (1987). Guessing and speechreading. *British Journal of Audiology*, 21(1), 13-20.

30 Tye-Murray N., Sommers M. S. & Spehar B. (2007). Audiovisual integration and lipreading abilities of older adults with normal and impaired hearing. *Ear Hearing*, 28(5), 656-68.

entendantes et d'autres ayant une surdité bilatérale légère à moyenne depuis plus de 10 ans. Les tests portaient sur des syllabes, des mots et des mots dans des phrases, dans 3 conditions : visuelle (lecture labiale seule), auditive avec un bruit de fond (6 locuteurs) ce qui permet d'abaisser individuellement l'identification auditive à 50%, de manière à tester les sujets en condition audiovisuelle avec une performance auditive comparable. La seule différence trouvée concerne les personnes malentendantes qui sont meilleures en lecture labiale que les personnes normo-entendantes, mais seulement pour les mots (pas pour les syllabes ni les phrases). Un autre résultat est qu'en constituant des couples entendant-malentendant sur la base de leurs performances unimodales (A et V), on observe des performances d'intégration audiovisuelle similaires entre les deux groupes de sujets.

Cette absence de différence d'intégration des informations audiovisuelles entre personnes entendantes et malentendantes a été confirmée par les travaux de Grant[31] et al. (2006), spécialiste de l'intégration audiovisuelle, sur des stimuli plus complexes que ceux de l'étude précédente. On peut aussi renvoyer aux travaux de Rouger[32] et al. (2007) qui ont montré que des personnes implantées cochléaires ont « une capacité plus importante à fusionner l'information visuelle de parole avec les indices acoustiques, comparativement aux sujets normo-entendants ». Il semble ainsi nécessaire que les personnes malentendantes puissent percevoir la parole en ayant accès au visage du locuteur, puisqu'ils sont capables comme les entendants d'intégrer ensemble ces deux informations, avec des performances toujours supérieures à celles obtenues en audition seule.

De plus, les personnes qui ont de bonnes performances en lecture labiale présenteraient une réduction de l'effort d'écoute dans le bruit en condition audiovisuelle (Picou[33], 2011 ; résultat cependant discuté depuis par Ohlenforst[34] et al., 2017).

Qu'en est-il chez les sujets devenus-sourds implantés cochléaires ? On peut citer l'étude de Strelnikov[35] et al., en 2013. Dans une première phase, les activités cérébrales de 10 sujets ont été observées, par tomographie par

31 Grant K. W., Tufts J. B. & Greenberg S. (2007). Integration efficiency for speech perception within and across sensory modalities by normal-hearing and hearing-impaired individuals. *Journal of the Acoustical Society of America*, 121(2), 1164-1176.

32 Rouger J., Lagleyre S., Fraysse B., Deneve S., Deguine O. & Barone P. (2007). Evidence that cochlear-implanted deaf patients are better multisensory integrators. *Proceedings of the National Academy of Sciences*, 104 (17), 7295-7300.

33 Picou E. M. (2011). The effect of individual variability on listening effort in unaided and aided conditions. Doctoral Dissertation of Philosophy in Hearing and Speech Sciences, Nashville, Tennessee.

34 Ohlenforst B., Zekvel A., Jansma P. et al. (2017). Effects of Hearing Impairment and Hearing Aid Amplification on Listening Effort : A Systematic Review. *Ear Hearing*, 38(3), 267-281.

émission de positrons (PET), au début de l'activation de l'implant : le sujet devait dire si une personne filmée prononçait un mot ou un non-mot, en lecture labiale et en présentation audiovisuelle. Dans une seconde phase, 6 mois après l'implant, les scores auditifs de compréhension de la parole ont été évalués à 62% en moyenne avec une variabilité allant de 15% à 90%. L'objectif de l'étude était de corréler les aires activées en phase 1 et les scores auditifs en phase 2.

On note l'existence d'un réseau cortical impliquant plusieurs aires. Parmi les régions corrélées positivement aux scores audios, se trouve la région occipitale droite ou cortex visuel dont l'activité est clairement reliée à la lecture labiale. La conclusion des auteurs est que : plus les devenus-sourds présentent une activation forte dans le cortex visuel juste après l'implantation, mieux ils comprendront la parole six mois plus tard. Autrement dit, la bonne récupération auditive d'un sujet devenu-sourd – une fois habitué à l'implant – dépendrait en partie de l'habileté en lecture labiale qu'il a développée avant l'implantation. Encore une fois, on retrouve l'effet bénéfique d'une bonne lecture labiale permettant d'intégrer au mieux les informations visuelles et auditives pour une meilleure compréhension.

## *Des représentations motosensorielles multimodales*

L'intégration d'informations issues de plusieurs modalités sensorielles a longtemps été considérée comme un processus relevant de mécanismes intervenant après la prise d'information séparée, modalité par modalité. Mais on sait maintenant qu'il existe des aires associatives multisensorielles qui permettent d'intégrer précocement les informations provenant des différents sens (Ghazanfar et Schroeder[36], 2006).

Depuis qu'on a pu observer et étudier expérimentalement le comportement des fœtus et des nouveau-nés, on s'est rendu compte que ceux-ci sont capables d'unifier assez précocement leurs sens, pour percevoir le monde. Dans cette découverte du monde extérieur et de leurs corps, les modalités sensorielles ne sont pas les seules impliquées : la motricité est une composante importante du processus de perception.

35  Strelnikov K., Rouger J., Demonet J.-F., Lagleyre S., Fraysse B., Deguine O. & Barone P. (2013). Visual activity predicts auditory recovery from deafness after adult cochlear implantation. *Brain*, 136, 3682-3695.

36  Ghazanfar A. A. & Schroeder C. E. (2006). Is neocortex essentially multisensory ? *Trends in Cognitive Sciences*, 10(6), 278-285.

Il existe en effet des liens précoces entre perception et motricité qui démontrent l'établissement de coordinations motosensorielles :

- la coordination pouce-bouche in utero : le fœtus suce son pouce (cf. Desmurget[37] et al., 2014, pour la commande neurale produit de l'évolution) sans aucune exposition ou modèle préalable à cette coordination ;

- l'imitation d'expressions faciales (Meltzoff & Moore[38], 1977) qui met en lumière les premières coordinations unifiant des modalités sensorielles (visuelles, kinesthésiques) et la transformation motrice.

En ce qui concerne la parole, dès deux mois, des bébés fixent davantage le visage qui prononce le son entendu que celui qui prononce un autre son. Les bébés émettent aussi des vocalisations proches du son entendu et vu (Patterson & Werker[39], 2003). Ainsi la nature multimodale (audiovisuelle) de la parole est utilisée pour sa perception, mais aussi pour sa production, dès l'enfance.

Bardy[40] (2017) propose d'inclure la composante motrice en parlant de représentations motosensorielles multimodales. Des exemples :

- En voiture : le passager est davantage sujet à des cinétoses, car il n'a que des retours sensoriels tandis que le conducteur est aussi acteur des mouvements qu'il ressent (pas uniquement en *feedback*, mais aussi en *feedforward*, avec des sensations attendues).

- C'est ce qui a été aussi montré dans les expériences avec le casque Oculus Rift dans un environnement virtuel, où les sujets sont souvent en malaise : « le délai entre le moment où nous bougeons la tête et celui où l'image à l'intérieur du casque est mise à jour atteint des valeurs de 50 à 200 millisecondes. Cela produit un dysfonctionnement du réflexe vestibulo-oculaire qui permet de maintenir la direction du regard lorsque l'on tourne la tête, d'où les nausées, déséquilibre, etc. »

Si on revient à la parole, aborder la question de l'intégration multisensorielle doit nous conduire à nous demander comment on peut récupérer, à l'aide de nos modalités sensorielles, les coordinations

37 Desmurget M., Richard N., Harquel S. et al. (2014). Neural representations of ethologically relevant hand/mouth synergies in the human precentral gyrus. *Proceedings of the National Academy of Sciences*, 111, 5718-5722.

38 Meltzoff A. N. & Moore M. K. (1977) Imitation of facial and manual gestures by human neonates. *Science*, 198, 75-78.

39 Patterson, M. L. & Werker, J. F. (2003). Two-month-old infants match phonetic information in lips and voice. *Developmental Science*, 6(2), 191-196.

40 Bardy B. (2017). La cybercinétose, ou le mal des casques de réalité virtuelle. *The conversation*, mars 2017. https://www.umontpellier.fr/articles/cybercinetose-mal-casques-de-realite-virtuelle

articulatoires effectuées lors de la production de la parole. Quand un enfant veut reproduire un son qu'il a entendu, il doit trouver les bonnes coordinations articulatoires qui lui permettront d'obtenir, par son propre feedback auditif, le modèle qu'il veut reproduire : autrement dit, il s'agit de trouver, à partir de sensations auditives, visuelles, mais aussi kinesthésiques, quels mouvements coordonner pour contrôler les différentes parties de son appareil vocal afin de produire le son voulu. On se réfère ici à la PACT (Schwartz[41] et al., 2002), soit la Théorie de la Perception par le Contrôle de l'Action, qui tient compte à la fois de contraintes motrices et de contraintes multisensorielles (auditive, visuelle...).

Pour percevoir, la personne malentendante passe, comme l'entendant, par ses coordinations articulatoires. Détecter le voisement, soit la différence entre « p » et « b » par exemple, n'est pas seulement une affaire de présence ou absence de vibration des cordes vocales. Il s'agit d'identifier la coordination temporelle entre le début de la vibration des cordes vocales (qui s'entend, mais ne se voit pas) et le relâchement articulatoire au niveau des lèvres ou de la langue dans la bouche (qui s'entend mal en cas de malentendance mais peut se voir).

Au niveau de la perception audiovisuelle de la parole, on sait que le sujet ne combine pas seulement des formes acoustiques et des formes labiales, mais est capable de récupérer des trajectoires motrices. Par exemple, les mouvements articulatoires des lèvres, qui sont le plus souvent anticipés sur le son, guident la perception auditive : si je dis le mot « strie » ou le mot « structure », en regardant mes lèvres, vous saurez, avant le début de chaque mot, quel type de voyelle suivra, soit arrondie ou étirée (Cathiard[42] et al., 1996).

## *Deux exemples d'augments à la perception audiovisuelle*

Premier exemple : la Langue française Parlée Complétée[43] où il s'agit de rendre visible toute la parole avec la main et les lèvres. L'augment manuel permet de transmettre visuellement la langue française en codant chaque syllabe au rythme de la parole, avec cinq positions de main autour du visage pour les voyelles et huit configurations de doigts pour les consonnes. Les

41 Schwartz, J.-L., Abry, C., Boë, L.-J. & Cathiard, M.-A. (2002). Phonology in a theory of perception-for-action-control. In J. Durand & B. Laks (Eds), *Phonetics, Phonology and Cognition*, pp. 254-280, Oxford Studies in Theoretical Linguistics.

42 Cathiard M.-A., Lallouache M.-T. & Abry C. (1996). Does movement on the lips mean movement in the mind? In D. Stork & M. Hennecke (Eds.), *Speechreading by Humans and Machines*, NATO ASI Series F : Computer and Systems Sciences, vol. 150, pp. 211-219, Springer-Verlag, Berlin-Tokyo.

43 Cf. le témoignage de Léa Weill, dans ce même volume.

consonnes identiques aux lèvres (appartenant au même visème) sont codées par des configurations de doigts différentes, tandis que les voyelles appartenant aux mêmes visèmes sont codées par des positions de main différentes. La personne malentendante intègre la position et la forme de la main avec la forme aux lèvres.

Le système inventé par Orin Cornett[44] (1967) n'est pas seulement un code manuel ajouté aux lèvres venant désambiguïser leurs sosies. Nous avons montré avec Virginie Attina que c'est plutôt le code qui ouvre la voie aux lèvres : en étudiant la coordination gestuelle qui s'établit entre la main et les lèvres lors du codage, on a observé que la main était en avance sur le geste des lèvres, lui-même en avance sur l'émission acoustique. La main propose un sous-ensemble de consonnes et de voyelles et le choix se fait aux lèvres (Attina[45], 2005).

Les codeurs ont parfaitement intégré les gestes de la main dans les contrôles compatibles des coordinations de leur parole. Et les sourds décodeurs de la LfPC se révèlent très sensibles perceptivement à ce *timing* compatible des gestes manuels et articulatoires. C'était tout l'enjeu de la « greffe cognitive » du LPC (Cathiard, Attina, & Troille[46], 2011), pour les sujets codeurs tout comme pour les décodeurs, de parvenir à incorporer la main dans les coordinations de la bouche pour la parole (cf. Apparicio[47] et al, 2017 pour une confirmation en neuro-imagerie).

Second exemple : la main pour toucher la parole ou la méthode TADOMA de Hofgaard (1890) utilisée par Alcorn en 1920 pour deux enfants sourd-aveugles Tad Chapman et Oma Simpson. La main, posée en éventail sur le visage de l'autre, permet une prise d'informations en parallèle pour récupérer les coordinations de la parole. Ce qui est fascinant est que l'identification de la parole par des sujets sourds et aveugles s'avère supérieure en TADOMA (50 à 70%) à celle de sujets entendants ou malentendants en lecture labiale seule (30 à 50 %). La méthode TADOMA donne accès plus directement à certaines coordinations articulatoires. Cette méthode a été très utilisée aux États-Unis et a été bien étudiée par les

44 Cornett R.O. (1967). Cued Speech. *American Annals of the Deaf*, 112, 3-13.

45 Attina V. (2005). La Langue française Parlée Complétée : production et perception. Thèse en Sciences Cognitives, INP Grenoble, France.

46 Cathiard M.A., Attina V. & Troille E. (2011). La Langue française Parlée Complétée : une phonologie multimodale incorporée. In J. Leybaert (Ed.), *La Langue française Parlée Complétée : Fondements et Perspectives*, pp. 51-65, Ed. Solal.

47 Aparicio M., Peigneux P., Charlier B., Balériaux D., Kavec M. & and Leybaert J. (2017). The Neural Basis of Speech Perception through Lipreading and Manual Cues : Evidence from Deaf Native Users of Cued Speech. *Frontiers in Psychology*, 8, article 426.

scientifiques au MIT (Reed[48] et al., 1985). Elle est utilisée actuellement en rééducation orthophonique pour des personnes souffrant d'aphasie (Troille[49]& Cathiard, 2014).

Ces deux techniques de perception augmentée montrent que la perception des gestes articulatoires de la parole peut être complétée soit visuellement soit tactilement, lorsque la bimodalité audiovisuelle son-lèvres ne permet pas une perception complète de la parole.

48 Reed C.-M., Rabinowitz W.-M., Durlach N.-I. & Braida L.-D. (1985). Research on the Tadoma method of speech communication. *Journal of the Acoustical Society of America*, 77 (1), 247-256.

49 Troille E. & Cathiard M.-A. (2014). L'adaptation de la méthode Tadoma à la rééducation des troubles arthriques chez l'aphasique : étude de cas. *Revue Glossa*, 114, 28-46.

Témoignage
# Quels usages des prothèses
# dans la vie de tous les jours ?

*Nicole et Christian Gachet*

*Malentendant38, section ARDDS*
*(Association de Réadaptation et Défense des Devenus-Sourds)*

## Nicole Gachet

J'ai commencé à avoir des problèmes auditifs à l'âge de 26 ans. Ma surdité s'est aggravée peu à peu, malgré trois interventions chirurgicales. Elle est due à une otospongiose familiale, qui s'est développée également dans l'oreille interne.

Je me suis construite dans le monde des entendants. La surdité a peu à peu déstabilisé les bases de cette construction. Elle a perturbé ma communication avec les autres, elle a réduit l'utilisation des repères auditifs et des informations sonores dont on ne mesure l'importance que lorsqu'on commence à les perdre. Aujourd'hui, je ne peux plus me définir comme entendante, mais je ne peux pas non plus me définir comme sourde.

L'importance de ma surdité me met en difficulté dans la vie quotidienne. J'ai énormément de mal à suivre une conversation dans le bruit, entre amis ou en famille. La rapidité de la conversation, la distance qui me sépare de celui qui parle, et le bruit ambiant ne me permettent pas d'être à l'aise dans ma communication avec les autres. Je suis constamment en quête des mots qui pourraient m'aider à comprendre ce qui est dit et dans ce contexte, toujours dans l'incertitude d'avoir bien entendu. J'ai perdu peu à peu l'assurance qu'on a en société, quand on entend. J'ai souvent l'impression d'avancer sur un fil, entre le monde des entendants et le monde des sourds. J'ai le sentiment d'être dans un nouvel espace, non délimité, où les repères se mêlent, où des glissements s'opèrent...

75

Je regarde maintenant avec beaucoup plus d'attention le monde qui m'entoure et celui qui me parle. Je me surprends à chercher dans les expressions du visage, dans les gestes, les mots qui me manquent... Le maintien de la communication s'est imposé comme une absolue nécessité avec l'aggravation progressive de ma surdité. Je me raccroche autant que je peux au monde des entendants qui est le mien.

La lecture labiale m'aide beaucoup. J'utilise aussi toutes les aides techniques qui peuvent m'aider à communiquer. Mes prothèses auditives me sont absolument indispensables, même si elles ne remplacent pas mes oreilles. Elles m'aident aussi à retrouver autour de moi, le paysage sonore qui est le mien. J'entends passer les voitures, j'entends la pluie tomber, j'entends les rires et les voix... Cet univers sonore me relie à la vie. Il me permet aussi de me sentir un peu plus en sécurité.

Sans mes prothèses auditives, je n'entends presque plus ma voix. J'entrevois alors avec angoisse la plongée dans la surdité, c'est la préfiguration d'un avenir que je ne suis pas prête à regarder en face... Un avenir où je n'entendrais plus que mes acouphènes... Il me semble qu'ils ont toujours été présents, mes acouphènes, à un âge où il est difficile de discerner ce qui est normal de ce qui ne l'est pas. Au fil des années, ils ont augmenté avec la baisse progressive de l'audition. Plus la surdité s'aggrave, plus il devient difficile de les supporter : on n'entend plus alors que nos bruits intérieurs. Je me suis souvent prise à rêver d'une fenêtre à fermer pour y échapper. Trouver enfin ce SILENCE inconnu... un paradoxe pour la devenue sourde que je suis maintenant ! Lever enfin cette barrière qui s'ajoute à la surdité, entre les autres et moi... Dans cette lutte inégale contre ces intrus, mes prothèses auditives jouent pour moi un rôle essentiel : celui de masquer, même partiellement, ce chaos intérieur, en me redonnant, en partie, accès aux bruits de l'extérieur. Tout est préférable à ce silence peuplé, agressif et inexprimable, qu'on ne peut que subir. J'ai acheté alors une boucle magnétique portative que je reliais à un walkman de l'époque. J'ai découvert, qu'en réglant bien le son qui arrive directement dans les prothèses auditives, pour écouter de la musique ou des émissions de radio, mes acouphènes passaient en arrière-plan. Ils étaient toujours là, mes colocataires bruyants, mais maintenus à distance, ils devenaient supportables. Aujourd'hui encore, quand je suis chez moi, je suis très souvent reliée à un appareil par une boucle portative. Et même lorsque je ne le suis pas, mes prothèses auditives m'aident maintenant beaucoup mieux à les masquer et à leur faire la sourde oreille !

Je voudrais, pour terminer, citer une phrase qui apparaissait dans un film sur la surdité : « Communiquer, c'est vivre ». Pour nous, devenus sourds, maintenir la communication est essentiel afin d'éviter l'isolement. Maintenir la communication par tous les moyens.

## Christian Gachet

La surdité de ma femme s'est installée petit à petit dans notre vie. Je dirais de façon insidieuse. De plus en plus souvent elle me demandait de lui répéter ce qu'avait dit untel ou untel, mais pas au point que cela me semble un handicap.

Je pense que la prise de conscience réelle s'est produite lorsqu'elle a appris la langue des signes. J'ai, à ce moment-là découvert ce qu'est la surdité et le monde des sourds. Nicole changeait de monde et je restais sur le quai...

Maintenant je lui parle en vis-à-vis. Il m'a fallu des années pour m'empêcher de lui parler quand elle a le dos tourné, même si cela m'arrive encore quelquefois. Quand je lui parle, je suis à moins de 2 mètres et en vis-à-vis autant que faire se peut. J'ai appris à mettre en pratique le *feedback* pour m'assurer que mon message est entendu (pas seulement entendu, mais compris). Je répète assez souvent.

Un autre point important : je m'assure (parfois avec des signes) qu'elle porte bien ses prothèses auditives avant de parler.

Mais il arrive aussi que je sois dans le couloir ou dans la salle de bain et que Nicole me parle. Évidemment je ne comprends pas ce qu'elle me dit, mais elle ne s'en rend pas compte et c'est moi qui dois venir vers elle pour lui faire répéter. Ce qu'elle exige de moi, elle l'oublie parfois pour elle-même, car elle est habituée à ce que j'entende ce qu'elle dit.

Il devient difficile de commenter en simultané une émission de radio ou télé puisqu'il faudrait que Nicole remette ses appareils en position normale le temps de l'échange, puis rebascule en position T. Nous communiquons donc peu à ce moment-là.

Tous ces problèmes sont bien sûr exacerbés lorsque Nicole ne porte qu'un seul appareil à cause d'inflammations du conduit auditif ou d'otites, ce qui arrive maintenant assez fréquemment (3 ou 4 fois dans l'année) et qui dure assez longtemps.

Dans des situations un peu bruyantes comme un repas de famille ou une réunion entre amis, nous sommes souvent l'un à côté de l'autre, pour que je puisse lui répéter ce qui vient d'être dit. Elle me cherche du regard dès qu'elle perd le fil d'une conversation. Je lui répète un ou deux des mots qui viennent d'être dits pour qu'elle puisse raccrocher le fil de la conversation et ne pas se sentir exclue.

En ce qui concerne le téléphone, nous avons un téléphone fixe qui a une position mains libres assez puissante et cela lui permet de converser avec les personnes qu'elle connaît bien.

Certaines voix passent mieux que d'autres. La voix de notre fils passe très mal et ne lui est plus accessible, ce qui est une souffrance pour une mère. Je suis obligé de rester à côté d'elle et de répéter ses paroles, sinon la communication est impossible. Lorsque l'appel vient d'un numéro inconnu, c'est moi qui prends la communication et j'en assure la répétition. Il m'arrive aussi d'assurer des prises de rendez-vous. Je suis devenu pour cette partie de notre vie un complément à ses prothèses auditives qui ne sont pas de vraies oreilles et montrent leurs limites.

## Témoignage
# La lecture labiale et les aides techniques

### Geneviève Bollinger

*Malentendant38 section ARDDS*
*(Association de Réadaptation et Défense des Devenus-Sourds)*

Âgée de 72 ans, j'ai un long vécu de malentendante. La naissance de mes deux filles a majoré mon otospongiose et j'ai été opérée des deux oreilles à 30 ans et 32 ans à la clinique du Docteur Causse à Béziers. Opération réussie avec perte dans les aigus non récupérée. J'ai des prothèses auditives depuis 1991, des intra puis des contours.

J'ai travaillé jusqu'en 2006. D'abord comme visiteuse médicale, mais ce travail devenait de plus en plus difficile pour moi, car beaucoup de médecins n'articulent pas bien, même si on le leur demande. Puis j'ai travaillé à l'accueil du public dans une association pendant 16 ans, personne ne s'était rendu compte de mon handicap pendant longtemps, avant d'être licenciée pour inaptitude au travail à cause de ma surdité. Je pense que cela ne pourrait plus se faire maintenant, car j'ai été licenciée du jour au lendemain.

Je ne suis jamais allée chez un orthophoniste. Mon père étant sourd profond, j'avais l'habitude de pratiquer la lecture labiale, sans le savoir, je pense ? Mon père a été instituteur en étant sourd profond. Instinctivement je lisais sur les lèvres de mes interlocuteurs.

En 2008, par mon audioprothésiste, j'ai eu l'opportunité de suivre des cours de lecture labiale au CHU de Grenoble, d'abord un module débutant puis le module de perfectionnement.

De plus, j'ai eu la chance d'avoir une amie entendante qui s'est intéressée à la lecture labiale et qui m'a servi de répétiteur. En m'aidant de mes cours, on reprenait la progression des exercices. Sans la parole, ayant appris des phonèmes différents, elle articulait les mouvements labiaux acquis : voyelles, consonnes, mots, locutions, phrases.

Après les séances collectives du CHU, sur le conseil des orthophonistes, nous avons constitué un groupe de 7-8 personnes malentendantes, qui avaient toutes suivi ce module à l'hôpital, avec une rencontre une fois par semaine pour continuer notre apprentissage et ne pas perdre les acquis.

Chaque participant animait une séance qu'il avait travaillée. L'animateur du jour, sans le son, commençait par nous faire réétudier un mouvement labial et décrypter un petit texte employant ce mouvement. On travaillait phrase par phrase, chacun écrivant ce qu'il avait compris et le faisait lire à l'animateur, qui le traduisait à haute voix à tout le groupe. Petit à petit, les textes se sont diversifiés : dialogues, documents, proverbes, poésie, chacun nous faisant partager son domaine privilégié. Ces séances se déroulaient dans la bonne humeur, car les erreurs étaient nombreuses et souvent drôles. L'activité de ce groupe se poursuit toujours.

Le fait de pratiquer régulièrement la lecture labiale au sein de ce groupe m'a permis de prendre suffisamment d'assurance et pour moi, aujourd'hui, la lecture labiale est devenue une seconde nature. J'ai pu donner des conseils à mon entourage, amis ou autres personnes de groupes dont je fais partie (marche, Qi Gong, cours d'italien, aquagym, etc.) pour s'adresser à moi. J'arrive à me débrouiller sans mes prothèses si mon interlocuteur s'adapte suffisamment. En ce moment, je suis une cure thermale et j'ai donné quelques conseils aux différentes intervenantes en suivant les 10 Commandements BUCODES : se mettre en face de moi, ne pas crier, ne pas déformer votre articulation, ne pas vous mettre à contrejour. J'ai même proposé à la direction des Thermes d'Uriage de faire une petite formation au personnel qui semblait demandeur. Les patients ne portent pas leurs prothèses au cours des soins, dont beaucoup se font dans l'eau, et cela est important de former le personnel à notre handicap.

Bien qu'atteinte d'une surdité sévère, voire profonde, avec une perte de 90 décibels, je continue à avoir des liens sociaux importants. Je n'hésite pas à faire régler mes prothèses pour améliorer mon confort, avec la position parole dans le bruit ou l'utilisation de la position T dans les lieux publics équipés d'une BIM.

De plus, vivant seule, à la maison, depuis 40 ans, les aides techniques visuelles m'aident tout au long de la journée. J'ai un réveil multifonctions avec une alarme très puissante et un flash lumineux, (je peux même mettre un vibreur sous mon oreiller) pour le réveil, le téléphone, la sonnette d'entrée... C'est très important pour moi et je suis du coup beaucoup moins isolée.

J'ai également recours au Bluetooth, le son étant transmis directement dans mes prothèses auditives. Cela me permet de suivre des émissions de télévision sans les sous-titres, d'écouter de la musique, de téléphoner et de travailler sur ordinateur... j'ai l'impression d'être une personne normale. J'ai enregistré le CD du livre de mon cours d'italien sur mon ordinateur, je peux écouter et réécouter à volonté les textes pour m'en imprégner.

Au sein de l'association ARDDS38, je m'occupe plus particulièrement d'organiser des visites culturelles ou un repas, une fois par mois environ, afin de maintenir un lien entre les adhérents.

## Questions de la salle

*Je voudrais poser une question pour Nicole. La diminution de l'audition, la réduction du nombre de choses que tu arrives à faire, on entend la peur de la surdité, de ne plus entendre du tout... Est-ce que la perspective de l'implantation cochléaire, c'est quelque chose de rassurant ou pas, ou est-ce que c'est aussi perçu comme un autre monde, un pas encore plus important, peut-être une reconnaissance encore plus invasive de la surdité ? Et seconde question : la langue des signes, qu'est-ce que ça t'a apporté, est-ce que tu as continué ?*

Nicole Gachet : L'implant, j'y pense. Mais je ne me sens encore pas tout à fait prête. Je suis en train de consulter et de faire des examens pour savoir si c'est possible en fonction de l'évolution de mon otospongiose qui a envahi toute l'oreille interne. Donc, savoir si techniquement c'est possible ou non. Pour moi, ce sera un recours, j'ai besoin d'avoir encore cet espoir-là. Car je ne conçois pas de vivre sans échanger, sans communiquer, c'est cela la vie. Donc je vais favoriser ces échanges par tous les moyens. Si l'implant cochléaire n'est pas possible, dans l'avenir je reviendrai à la langue des signes, ça c'est une certitude.

*Isabelle Dagneaux : Ce que j'entends quand vous parliez, c'est plus que communiquer. Vous disiez que le paysage sonore est rassurant, on n'est pas là dans l'échange interpersonnel, on est dans une existence au monde.*

Nicole Gachet : C'est complètement cela. Vous en parliez et je me retrouvais complètement dans ce que vous disiez. Quand on n'entend pas, on a l'impression que les objets bougent tout seuls, se déplacent seuls. Quand on entend et voit en même temps, on retrouve ce paysage sonore qu'on a

81

toujours connu. Dans cet espace où je suis, j'ai l'impression d'avancer sur un sol qui est parfois instable, où les personnes qui sont en face de moi ne peuvent pas savoir si j'ai entendu ou pas. Et où moi, j'ai tout le temps peur de ne pas avoir compris le message. Les contours sont flous, ce n'est pas une absence d'identité, mais c'est quelque chose de nouveau. Vous parliez d'un espace nouveau à créer avec des possibles et ça m'a beaucoup intéressée.

# Apprendre la lecture labiale

## Anne-Marie-Fluttaz

*Orthophoniste, CHU Grenoble*

Je suis orthophoniste. Je travaille à mi-temps au CHU de Grenoble dans l'équipe du Docteur Rivron qui a fait un exposé ce matin et j'ai un cabinet par ailleurs.

La lecture labiale ? Je reviens avant tout sur l'éducation auditive, car quand je reçois une personne pour faire de la lecture labiale, je m'assure toujours que, sur le plan prothétique, tout va bien , c'est-à-dire que le patient est au maximum des performances (pertinence phonémique et confort perceptif) que peut apporter l'appareil ; il est important que les informations auditives arrivent le mieux possible, car il est évident que cela conditionne complètement l'installation de la complémentarité entre audition et lecture labiale. J'en profite aussi pour dire que c'est l'occasion d'installer un partenariat avec l'audioprothésiste. Pour moi, orthophoniste et audioprothésiste doivent travailler en étroite relation. Si l'appareillage ne va pas, il faut donner priorité à l'adaptation de l'appareillage. Ensuite seulement on pourra démarrer la prise en charge en lecture labiale. Car elle vient en complémentarité de l'information auditive, quelle que soit cette information auditive. Même si ce sont des restes auditifs, à partir du moment où ils sont bien traités, ils deviennent informatifs et la complémentarité avec la lecture labiale en sera d'autant meilleure.

S'il y a besoin d'une éducation auditive, je commencerai par faire ce travail. Éducation auditive et lecture labiale sont prises en charge dans notre nomenclature. L'éducation auditive est malheureusement un parent pauvre de notre travail alors qu'elle est si importante. La lecture labiale peut s'apprendre et se pratiquer en séances individuelles chez des orthophonistes en libéral et en groupes. C'est ce qui se passe au CHU de Grenoble. En collaboration avec Catherine Rebière, cela fait plusieurs années que nous travaillons avec des groupes de personnes devenues-sourdes appareillées ou implantées cochléaires. Nous avons un module d'apprentissage de quinze séances et possiblement un module de renforcement que nous n'avons pas toujours pu assurer en raison de contraintes d'organisation de notre service ou de temps. Nous donnons actuellement la priorité au module d'apprentissage, en encourageant les patients à continuer ensuite à l'extérieur en orthophonie en libéral.

Il y a deux choses importantes pour moi. On remarque que les groupes de lecture labiale, après l'entraînement initial, perdurent dans le temps. Cela montre que la dynamique de groupe est nécessaire pour les liens entre les personnes devenues sourdes, mais aussi que cette lecture labiale est un travail de chaque jour. On l'entraîne bien sûr dans le quotidien, dans toutes les communications que l'on a, mais on s'est aperçu que depuis qu'on met des exercices supplémentaires entre nos séances, il y a des progrès plus importants. Quand on entend que les groupes continuent à s'entraîner chaque semaine, c'est bien la preuve que c'est un entraînement qu'il ne faut pas lâcher. Bien sûr on peut avoir aussi de l'interactivité en séance individuelle. Le travail en lecture labiale peut devenir très vite ingrat, coûteux, pénible, mais l'échange peut y remédier.

Quand je reçois une personne pour de la lecture labiale et une fois que l'auditif a été bien vérifié, on va faire un bilan de réception de la parole. Que veut-on savoir par ce bilan ? On veut d'abord savoir quelle est la motivation du patient. C'est capital de savoir où en est le patient dans son parcours en tant que personne devenue sourde. Vient-il parce qu'on lui en a parlé ? Ou vient-il parce qu'il s'est rendu compte que sa compréhension est de plus en difficile et qu'il souhaite progresser et être aidé ? Ces échanges avec le patient sur sa motivation vont permettre de poser de petits jalons qui l'amèneront petit à petit à être prêt à s'engager dans un apprentissage de la lecture labiale.

Les épreuves que l'on met en place dans le bilan visent aussi à évaluer les compétences cognitives du patient, en termes de mémoire, d'attention et de concentration, qui sont nécessaires à la lecture labiale. Il faut voir aussi les compétences de suppléance mentale : quel est le niveau d'accès au lexique et à la langue ? Il sera important de s'adapter au niveau de langue de la personne. Il faut aussi tester les aptitudes propres à la lecture labiale, soit la prise d'indices visuels, à la fois sur le plan vocalique et consonantique. Ce dernier bilan est très important, car il peut être nécessaire de travailler l'attention visuelle avant d'entamer le travail de lecture labiale. Si on s'aperçoit de difficultés cognitives, le rôle de l'orthophoniste sera de se mettre en lien avec le médecin traitant, avec l'accord du patient, pour aller un peu plus loin dans les investigations.

Voici les conditions pour un apprentissage optimal de la lecture labiale :

- faire attention au contre-jour ; un bon éclairage est plus que nécessaire ;

- veiller à ce que la distance entre les deux personnes soit la largeur d'un bureau ;

- ne pas surarticuler en essayant de garder un débit de parole subnormal : la surarticulation va déformer l'image labiale et détruire les repères que le patient avait déjà pu mettre en place, par exemple au niveau de la rythmicité de la parole ;

- faire le choix de laisser l'appareillage en fonctionnement lors des séances, ce qui permet de conserver une interactivité quand nécessaire ;

- pratiquer la lecture labiale voix coupée – c'est un entraînement, car il ne faut pas laisser passer de voix (les consonnes sifflantes peuvent être facilement perçues)

- éviter la barbe et la moustache si on est un orthophoniste.

Nous utilisons la méthode semi-globale qui est en fait fondée sur trois principes : tout d'abord percevoir ce qui peut être vu, c'est-à-dire savoir prendre tous les indices visuels pertinents de la parole ; ensuite on va interpréter ce que l'on a perçu à partir des indices précédents. Enfin on aura besoin de compléter ce qui n'a pas été vu.

Dans un premier temps, on pratique des exercices de type analytique consistant à entraîner la capacité à percevoir le plus rapidement possible et le plus sûrement possible les signes ou points de repère qui peuvent être vus et à partir desquels la phrase pourra être reconstruite. Cette première phase de percevoir ce qui peut être vu est vraiment primordiale.

En lecture labiale, il y a des éléments stables, des éléments invisibles et des éléments variables du point de vue de la lisibilité et de l'entourage phonétique. On travaille à la base sur deux tableaux : un tableau de consonnes et un tableau de voyelles. Ce qui est important est l'automatisation de ces deux tableaux dans lesquels il y a un regroupement par images labiales identiques ou très proches, des voyelles et des consonnes. Cette automatisation doit se faire sans comprendre ce qui est dit. C'est cette automatisation de l'identification des indices visuels qui permettra d'aller vers une lecture labiale de qualité.

Contrairement à la méthode analytique, les consonnes et les voyelles ne seront jamais considérées isolément, mais toujours au travers de leur association, c'est-à-dire en fonction les unes des autres. C'est la raison pour laquelle nous entraînons nos patients à toujours considérer l'ensemble de la phrase, c'est-à-dire à lire et à prendre les indices visuels jusqu'au bout de la phrase, car l'incompréhension est souvent due au fait que l'on s'est arrêté sur une interprétation sans considérer l'ensemble de la phrase. On peut citer nombre de fois où les indices visuels vus sur la dernière partie de la phrase ont permis de comprendre le début !

Du fait de la restriction des signes visibles, on va pratiquer, dans une deuxième partie, des exercices de suppléance mentale autour des mots sosies (ayant même image labiale) et autour des mots difficilement identifiables. Le but est de développer les capacités à interpréter et à compléter mentalement le message tronqué.

Les exercices de lecture labiale sont très fatigants, car ils requièrent des efforts soutenus d'attention et de concentration avec une mobilisation mentale importante. Souvent, les patients nous disent qu'ils ont fait des progrès par rapport à l'attention. La régularité de l'entraînement est indispensable, elle est un facteur de progrès et de confiance en soi, une pratique régulière permettant toujours d'améliorer la compréhension.

Il peut se produire des phases de découragement avec l'impression de ne pas progresser pendant de longues périodes. Les progrès se font en fait le plus souvent par paliers entre des périodes où les connaissances mûrissent, sans qu'on puisse s'en rendre compte. D'où l'importance d'avoir établi une relation de confiance entre orthophoniste et patient, car il faut engager un véritable partenariat. Le travail de lecture labiale est un travail au long terme.

Je termine en citant que « la lecture est un art subtil ». On peut prendre du plaisir à jouer avec les mots en lecture labiale et l'échange entre le patient et l'orthophoniste peut être un vrai plaisir. Vous avez compris tout ce qu'exige la lecture labiale. On dit que « Tout l'être du labiolecteur est engagé dans l'acte de perception visuelle de la parole ».

## Question de la salle

*Je voudrais poser deux questions naïves. D'une part, est-ce que la lecture labiale est internationale, puisque ce sont les mouvements labiaux qui comptent ? D'autre part, avec l'arrivée des tablettes de poche, peut-on en tant que sourd communiquer à travers la tablette comme dans le film 'Let's dance' ?*

Anne-Marie Fluttaz : Certes les malentendants pourront bénéficier de progrès technologiques. Néanmoins je pense sincèrement que la relation humaine me semble importante. La qualité et la profondeur de la relation que l'on met en place avec les patients permet de s'inscrire dans du long terme avec la personne sourde. On a beau nous dire au début de nos études de mettre de l'espace entre notre patient et nous, c'est la qualité de la relation qui est porteuse et qui fait avancer, et le patient, et l'orthophoniste. Nous avons beaucoup à apprendre de nos patients pour enrichir régulièrement notre travail.

# Accompagner le patient appareillé

*Adrien Christophe*

Audioprothésiste, Grenoble

Ce matin on a parlé de l'appareillage d'un point de vue technique. Sauf qu'un appareillage réussi n'est pas qu'un appareillage. Il y a des choses qui se passent avant et après l'appareillage. Pour moi, l'accompagnement commence lors du premier rendez-vous lorsque la personne n'est pas encore appareillée. Elle vient avec une ordonnance et elle vient aussi avec beaucoup de questions. La première étape, la plus importante dans l'appareillage, est l'explication. Le fait de savoir ce qui se passe, de savoir ce qui va se passer et de l'expliquer clairement. Que font les appareils ? Quels sont les différents types d'appareils ? Quels sont les avantages, les inconvénients ? C'est là que va commencer le dialogue entre le patient et le professionnel, il faut pouvoir écouter la personne et savoir quelles sont ses attentes. Généralement en parlant d'appareils, on en arrive à parler de beaucoup d'autres choses. Qu'est-ce qui a fait que la perte d'audition a été détectée ? Quels sont les moments difficiles dans la vie quotidienne ? La première étape la plus importante est donc cette explication, qui va aussi s'accompagner d'une dédramatisation. Il y a un lourd passé de l'appareillage qui a construit une vision de celui-ci peu glorieuse. Le fait de franchir la porte d'un audioprothésiste est une démarche peu facile.

Une fois qu'on a choisi l'appareil, qu'on a parlé de technique, qu'on a évoqué si et pourquoi on choisit un intra ou un contour, la deuxième étape va constituer à passer à l'essai pour déterminer si le choix est bon, si l'appareil est adapté au style de vie de la personne. Par exemple en termes de contraintes, les piles sont-elles rechargeables ou pas ? En termes de technologie, est-ce que le fait d'avoir un appareil sophistiqué ou au contraire plus simple est intéressant, répond-il aux besoins ? Et éventuellement pouvoir essayer autre chose. Cette seconde étape est importante, car c'est là que le patient commence à prendre les rênes de son appareillage pour acquérir de l'autonomie, pour la manipulation, pour le jugement de ce qu'apporte l'appareil et pour pouvoir, lors des différents rendez-vous, expliquer ce qui va ou non et s'impliquer dans l'appropriation de l'appareillage.

La troisième partie de l'accompagnement vient après l'appareillage, pour que son bon fonctionnement perdure. Il faut expliquer qu'il y a un entretien régulier, qu'il y a des pièces à nettoyer ou à changer, ce qui n'est pas forcément intuitif. On voit beaucoup de personnes arrivant avec des appareils qui n'ont pas été entretenus pendant de nombreuses années. Et, forcément, la qualité de l'appareillage s'en ressent. L'audioprothésiste doit s'assurer pendant toute la durée de vie de l'appareil que, techniquement, il n'y a pas de souci, que le chemin du son dans l'appareil soit de bonne qualité, le microphone et les haut-parleurs débouchés. Il doit s'assurer aussi que l'appareil est toujours adapté à la personne puisqu'une perte d'audition peut évoluer. Il doit faire des tests réguliers de l'audition. Il doit continuer à discuter avec la personne pour repérer les endroits où quelque chose ne convient pas. En effet le réglage dans l'appareil est amené à être évolutif. Ce ne sera pas le même réglage au bout d'un mois, six mois et six ans. Ce suivi-là est vraiment important et l'accompagnement se fait vraiment jusqu'au bout, cela peut être deux fois, quatre fois par an, autant de fois que la personne en a besoin. Ce qui est important à ce stade-là, c'est que les étapes précédentes aient vraiment permis de construire une relation de confiance avec l'audioprothésiste pour ne pas avoir peur de le déranger. Il m'est déjà arrivé d'avoir des patients qui venaient me voir lors du rendez-vous prévu en disant que cela fait un mois qu'ils ont un souci. Or il faut oser appeler son audioprothésiste pour lui demander rendez-vous. Ainsi vous voyez que l'accompagnement du patient commence avant l'appareillage, avec l'appareil et se continue après et même aussi en lien avec les orthophonistes. L'accompagnement peut même aller jusqu'à la maison du patient pour qu'il se sente au mieux au quotidien.

## Question de la salle

*Est-ce qu'il n'est pas temps en France de séparer le prix de l'appareil du service rendu par l'audioprothésiste ? D'autant plus que les appareils sont relativement uniformes entre les différentes marques alors que ce n'est pas le cas du service offert par les différents audioprothésistes, qui est inégal. Le consommateur n'a pas tous les éléments pour comprendre ce que recouvre le coût qui lui est imposé.*

Adrien Christophe : Il y a plusieurs choses. La première est le fait qu'aujourd'hui le coût de l'appareil et le coût du suivi sont indissociables, mais l'information est présente sur le devis. Il est donc normalement possible de comparer entre les audioprothésistes. Lors de la discussion pour la nouvelle loi de janvier 2019, la dissociation n'a pas été retenue pour une raison à laquelle, personnellement, je crois : il me semble nécessaire que le patient puisse revenir autant de fois qu'il le souhaite sans surcharge de coût. Le risque est que des personnes hésitent à venir chez leur audioprothésiste en cas de difficulté simplement en raison du coût de la visite. On pourrait imaginer un modèle intermédiaire, car le fait de découpler totalement n'est sûrement pas, à mon avis, viable qualitativement parlant. Il y a eu des idées de coupler seulement la première année et ensuite de ne pas inclure le reste. C'est à étudier.

# Rôle des associations et pairémulation

## Nicole Leitienne

*ALDSM Association Lyonnaise des Devenus Sourds et Malentendants*

Je suis présidente de l'*Association Lyonnaise des Devenus Sourds et Malentendants*. Cette association existe depuis 1977, elle n'est pas toute neuve et je suis dans cette association depuis quelques années. La question porte sur le rôle des associations pour les malentendants. Je me permettrais de répéter que le problème de communication que connaissent les malentendants les conduit d'abord à manquer d'informations, d'autant plus qu'un certain nombre – pas tous bien sûr – de médecins ORL ou d'audioprothésistes sont souvent avares de précisions et de conseils. L'ORL m'a simplement dit d'aller voir un audioprothésiste qui vous mettra des appareils. Point. Ensuite deuxième problème, une personne malentendante, vous l'avez déjà perçu, s'isole, elle communique de moins en moins, même avec ses proches, elle s'énerve de ne pas comprendre, elle est présente, mais ne participe à rien dans un repas ou une réunion de famille. C'est assez frustrant de ne pas comprendre son entourage. Le troisième problème de communication est le fait que la personne malentendante est confrontée au fait qu'une personne entendante ne sait pas leur parler. On leur explique qu'il ne faut pas parler trop vite, articuler normalement, nous regarder pour parler, mais très vite les entendants oublient. Donc la communication n'est pas idéale. Alors, à quoi servent les associations ? D'abord il faut que la personne malentendante arrive à franchir le pas de s'adresser à une association. Elles existent, il y en a 45 en France. On arrive assez facilement à les trouver, en principe, sur internet, mais encore faut-il y aller. On a souvent entendu des adhérents dire : la première fois je suis venu jusqu'à la porte et je suis rentré chez moi. Ce n'est pas si facile que cela de franchir le pas pour aller demander de l'aide. On va dans une association parce qu'on sent qu'on n'arrive pas à se débrouiller seul, on ne sait pas vers quel audioprothésiste se tourner ; on veut demander conseil pour la prise en charge parce que ça coûte trop cher. Mais on n'y va pas de suite.

Ensuite, lorsque la personne a franchi le pas, le rôle de l'association est celui d'écoute, d'attention à la personne, de renseignements. Dans ce cadre-là, la personne se rend vite compte qu'elle est comprise, les malentendants lui répondent. Dans notre association, il y a une permanence par mois, mais quand on reçoit quelqu'un, on reçoit cette personne dans une petite pièce à part des autres personnes malentendantes et qui échangent à côté. La personne qui vient demander un renseignement se sent comprise, elle se sent écoutée, on lui donne tout de suite quelques conseils qu'elle pourra mettre en œuvre rapidement en réponse à ses questions. Elle se sent un petit peu soutenue, alors elle revient, elle revient une deuxième fois pour une permanence ou bien pour participer à une activité. Nous organisons une rencontre par mois pour tous les adhérents. On peut venir à ces rencontres même si on n'est pas tout de suite adhérent, participer à une visite guidée, à une conférence adaptée avec boucle magnétique, transcription écrite, avec tout ce qu'il faut pour comprendre contrairement à d'habitude. Ensuite, petit à petit, elle a l'impression de faire partie d'un groupe. Elle vient à l'association, car elle se sent moins isolée, elle a l'impression que tout le monde est un petit peu comme elle. Elle fait partie d'un groupe, elle fait partie d'une certaine société à ce moment-là. Elle a accès à certaines choses comme tout le monde grâce aux moyens techniques bien sûr, elle comprend mieux, donc elle s'intègre un petit peu. Et petit à petit, l'investissement dans une association fait aussi participer aux activités. L'association participe à des commissions, à des formations, des sensibilisations dans des écoles. La personne malentendante qui petit à petit prend part à ce genre d'activités se sent valorisée. Voilà un petit peu à quoi sert une association. Participer aux formations, aux sensibilisations et aux commissions, c'est en fait avoir une autre perception de soi. Je crois que je vous ai dit ce que je pouvais vous dire a priori sur les associations.

## Questions de la salle

*Isabelle Dagneaux : Vous avez repris mon terme 'autre perception de soi' ou bien vous l'aviez déjà écrit ? Pourriez-vous expliciter, détailler davantage cette autre perception ?*

Nicole Leitienne : On se rend compte par exemple qu'une personne qui a du mal à rentrer dans l'association, lorsqu'elle fait une sensibilisation devant un groupe d'élèves en école, elle est contente de la faire et elle demande à en refaire d'autres. Donc dans ce cas-là, on se rend compte que c'est valorisant pour elle. Les personnes qui assistent à des commissions en général ne demandent pas à être remplacées au bout de deux fois, elles y participent régulièrement et trouvent un réel intérêt pour elles.

*Vous dites que c'est dur de franchir la porte et demander de l'aide, c'est vrai partout. Ma question : quel est le pourcentage de femmes et d'hommes qui franchissent la porte ? Combien de personnes restent dans l'association et deviennent bénévoles ? Par rapport au nombre total de personnes malentendantes et sourdes des deux sexes ?*

Nicole Leitienne : C'est peut-être un peu exceptionnel chez nous, mais il y a à peu près autant d'hommes que de femmes, y compris parmi les membres actifs qui participent aux commissions ou aux actions de sensibilisation. Mais au bureau, ce sont des femmes. Nous ne sommes pas excessivement nombreux, puisque nous sommes 85 pour toute la ville de Lyon et alentours, dont une vingtaine d'actifs.

*J'ai connu l'ARDDS38 il y a 3 ans ; j'habite à Guilherand-Granges et j'avais eu du mal à trouver une association de sourds ou malentendants. J'étais en train de sombrer personnellement, c'est pourquoi je cherchais de l'aide et j'ai rencontré Claudie qui était sur Guilherand-Granges. Elle m'a donné rendez-vous dans une cafétéria. J'ai pensé que je n'allais rien comprendre, mais j'y suis allée quand même. La salle était calme. En tous les cas c'était la première fois que je rencontrais quelqu'un à qui je disais mes difficultés en tant que malentendante et j'étais comprise. C'était la première fois que je n'avais pas un malentendant en face de moi me disant : « oh oui, moi aussi je n'entends pas, quand il y a du monde, quand il y a du bruit ». Là, on parlait exactement de la même chose, et cela m'a beaucoup aidée, j'étais sur un petit nuage pendant trois jours. Et j'ai adhéré à l'association. Mais les commissions d'accessibilité, j'ai encore du mal.*

Nicole Leitienne : il est vrai que dans les commissions, nous n'avons pas toujours les aides techniques qui permettent de suivre. On arrive quand même maintenant à faire en sorte qu'un certain nombre de structures, de commissions ou autres, nous proposent des boucles magnétiques ou une transcription écrite ce qui est encore bien mieux. Mais il faut beaucoup insister.

*Isabelle Dagneaux : J'ai entendu que vous faites des sensibilisations dans les écoles. Sensibilisez-vous aussi les médecins, les audioprothésistes ? Comment les gens vous trouvent-ils ? Moi j'ai entendu parler de la Fédération des sourds en Belgique ; je viens de trouver sur internet une association de malentendants ; cela fait 17 ans que je suis appareillée et j'ai dû chercher moi-même.*

Nicole Leitienne : En fait, médecins et audioprothésistes, non, car on n'a pas encore trouvé le moyen de capter ces professionnels. On fait des sensibilisations en maison de l'enfance, en école primaire, dans les collèges et lycées, et dans les établissements supérieurs. On en fait quelques-unes dans les entreprises. Les audioprothésistes, ce n'est peut-être pas utile. Mais il serait intéressant d'en faire auprès des médecins ORL qui ne sont pas toujours suffisamment informés sur la malentendance. Demain matin, on a rendez-vous avec le député de notre circonscription qui est un médecin ORL.

*On vit à Grenoble un peu les mêmes choses que vous vivez à Lyon, au niveau de l'accueil des personnes malentendantes. Tu as parlé des commissions d'accessibilité, nous y allons, mais constatons qu'elles ne sont pas toujours accessibles, alors qu'il faudrait qu'elles le soient vraiment. On n'envisage jamais de faire une commission d'accessibilité au 4ème étage sans ascenseur parce qu'on aurait toutes les personnes en fauteuil roulant qui feraient un scandale. Par contre, faire une commission d'accessibilité avec une boucle magnétique défaillante, cela arrive plus fréquemment qu'on ne croit. Ou parfois même sans aucune boucle magnétique.*

Nicole Leitienne : Dans ce cas, il faut y aller quand même et faire savoir qu'on part au bout de 30 min parce qu'on ne peut pas participer. Mais le faire savoir vivement. Parce que sinon, cela ne sert pas à grand-chose. Si on demande par mail, ce qui est prévu comme accessibilité et qu'on ne vient pas, cela ne fait pas le même effet que d'être sur place, de voir que ça ne marche pas ou constater l'absence de matériel, et de quitter la salle en expliquant pourquoi. Ça marque plus comme cela qu'autrement.

# L'accessibilité culturelle pour les malentendants

## Eric Chaloupy

Musée de Grenoble

Je suis animateur, guide-conférencier au Musée de Grenoble. Bien avant de travailler avec des personnes malentendantes, j'ai commencé à travailler en 2001 avec des personnes sourdes. J'ai commencé par la LSF. J'ai travaillé pendant 8 ans avec des sourds, j'ai appris la Langue des signes, enfin partiellement, et ayant abandonné depuis quelque temps j'ai un peu perdu la main. Ce qui est intéressant, c'est qu'il y a l'école des enfants sourds juste en face du Musée. Je travaillais donc avec les enfants – et je continue d'ailleurs, car c'est un pur plaisir de travailler avec eux. J'avais donc déjà quelques repères. Regarder les gens dans les yeux, avoir conscience qu'il y a un cadre dans lequel on s'exprime.

Lorsque j'ai été sollicité par l'association ARDDS38, les membres que j'ai rencontrés ont trouvé que je m'exprimais bien. Je vais essayer de restituer leurs paroles de l'époque : « ah, mais tu travailles avec des tout-petits, tu travailles avec des grands, tu n'articules pas trop mal, tu as une voix dans les graves ». Je me suis lancé sans connaissance puisque je vais vous avouer que c'est la première journée où j'entends des professionnels parler de ce qu'est la lecture labiale. Maintenant ça fait au moins 5-6 ans que nous travaillons ensemble. Nous avons commencé par l'expressionnisme allemand, Die Brücke, c'était difficile ! Nous avions discuté ensemble et vous m'aviez proposé de faire des petites pancartes. Donc pendant mes visites, je tiens des feuilles A4 devant moi. Le musée étant grand, il est impossible de mettre une boucle magnétique dans toutes les salles. On se déplace, mais on peut s'asseoir, car on a des petits pliants. Pour moi, cela était quelque chose de très nouveau. Nous avons vu ensemble un grand nombre d'expositions : Warhol, Kandinsky, Penone, Fantin Latour, Dezeuze, etc.

Le Musée est un lieu culturel. Je vous y accueille comme n'importe quel autre groupe. Pour moi, c'est cela qui est important. Après, je fais naturellement l'effort d'essayer d'adapter ma présentation. Ce qui n'est pas toujours évident, quand même, c'est notamment que je dois à la fois manipuler des pancartes, surveiller ma posture physique et mon articulation. C'est en plus du par cœur, je n'ai pas de textes, en dehors de quelques notes que je peux avoir. C'est difficile, car on est sur des arts visuels, mais je dois focaliser le regard sur des feuilles A4 imprimées en noir et blanc alors que j'ai des chefs-d'œuvre derrière moi ! C'est une complexité que j'ai déjà rencontrée avec les personnes sourdes. Car pour moi il est important de regarder les œuvres. Mais je dirais que partager ces moments avec vous me semble très important pour vous, pour moi également, car d'un point de vue professionnel j'apprends différentes approches du public, différentes techniques de langage. C'est un domaine qui est aussi très proche de l'art finalement. En art, on essaie toujours de décoder par quel esthétisme les artistes sont passés et par quel concept. Je dois vous avouer que parfois c'est compliqué, surtout sur l'art contemporain. Il m'arrive de limiter les affichettes, en ne notant que les dates ou les noms propres. Car il faut arriver à se plonger dans une pensée, dans une esthétique, dans un historique et partager avec vous cette histoire universelle, comme on se plongerait dans un livre.

Ce qui est riche dans cette expérience, c'est qu'on est tous ensemble, on partage ce moment. Ce qui m'importe beaucoup, c'est cette collaboration qu'on a établie dès le départ et que l'on continue de mettre en place. C'est ce qui me semble fondamental. Préparer et synthétiser tout ce que l'on va dire pour une visite est assez complexe. Je vais juste prendre l'exemple de la dernière exposition sur les Dieux d'Égypte. Les conditions étaient complexes avec énormément de monde. Je dois me placer en plein milieu d'une foule qui ne veut pas se retirer des vitrines. L'accès aux objets était complexe. Et il faut que je parle fort. Donc il faut être sûr que mon discours soit bien structuré, que je sois clair sur un sujet vaste, et le monde autour était plutôt perturbant.

Ce qu'on va tester, pour la prochaine exposition, c'est de vous faire venir un mardi, lorsque le musée est fermé. Au départ, l'idée était de ne pas choisir des moments où le musée était vide, car je trouvais qu'être avec un public habituel et d'être mélangé avec d'autres personnes était porteur et vous étiez accueillis comme tout le monde. Mais en réalité on se rend compte qu'il faudrait peut-être deux temps, un temps libre où vous voyez l'exposition au moment où le musée est ouvert pour tout le monde et un moment où on a un temps privilégié pour enrichir l'interactivité. Je pense que la visite sans public nous permettra de prendre plus de temps, pour vous d'être plus attentifs et peut-être aussi de pouvoir prendre plus facilement la parole.

## Questions de la salle

> *Au début de votre intervention, vous avez indiqué qu'il était difficile de mettre des boucles magnétiques dans toutes les salles du musée. L'ARDDS s'équipe petit à petit en matériel, vous aurez bientôt un micro et chaque personne malentendante aura un petit collier. On aura des boucles magnétiques individuelles portables.*

Eric Chaloupy : C'est bien que vous puissiez investir dans ce type de matériel. En tant que fonctionnaire de la ville de Grenoble, je n'ai pas la possibilité d'aller voir directement les élus, car j'ai un droit de réserve. Mais je trouve intéressant qu'on soit dans cette dynamique et il y a une enveloppe à la ville de Grenoble, la FIPHFP, qui est assez conséquente et qui permet d'équiper des structures.

> *L'association possède maintenant ce qu'il faut et cela permettra aussi que tu ne parles pas trop fort. Car lors de la dernière visite d'exposition, il y avait beaucoup de personnes alentour qui se plaignaient qu'Éric parlait trop fort et que cela les gênait. Il a fallu expliquer plusieurs fois que nous étions malentendants.*

Eric Chaloupy : Il ne faut pas trop généraliser ni stigmatiser, car lors de cette visite dont les conditions étaient difficiles par l'affluence importante, un jeune homme avait bien compris les enjeux de notre visite et nous ouvrait en quelque sorte le chemin. On a donc rencontré les deux aspects. Pour toutes les visites de cette exposition, on a eu des difficultés. Ne pensez pas que c'était qu'avec vous. J'ai fait des visites avec des enfants et j'ai vu des adultes enjamber des enfants avec lesquels j'étais assis devant des vitrines. C'était assez hallucinant.

> *Je voudrais dire merci à Eric Chaloupy de tout ce qu'on a vécu depuis qu'on a commencé des visites avec lui. Personnellement j'ai vu des personnes s'épanouir grâce à ces visites. Certains adhérents n'avaient jamais mis les pieds dans un musée, même lorsqu'ils étaient entendants ou pas depuis qu'ils étaient malentendants. Grâce à ce que nous avons mis en place avec Éric, certains sont revenus au musée. Je me souviens de fins de visite au début, où on n'arrivait pas à se séparer tellement les gens étaient contents. C'est pour cela que je tenais à remercier Éric. La visite où on est tout seuls, je pense que cela peut être bien parce que cela évite que l'on soit tendu et que tu*

Eric Chaloupy : Il y a quelque chose de très juste dans ce qui vient d'être dit. Il y a quelque part un côté militant à faire une visite au milieu des gens et je me souviens de deux anecdotes. Dans les premiers temps, à la fin d'une de mes visites, il y a un des gardiens, qui était assez âgé et qui est venu me voir, il avait suivi la visite et venait me dire que c'était la première fois qu'il arrivait à entendre complètement une visite et il voulait me remercier. Et il y a eu aussi notre collègue qui travaillait au musée et qui avait eu une perte d'audition. Parce qu'elle savait qu'on travaillait ensemble, je crois qu'elle a été en lien avec l'association. On le voit dans les visites, beaucoup de gens ont une étincelle, ils comprennent quelque chose de nouveau, que ce soit avec vous ou d'autres types de public. Le musée est un lieu culturel, mais aussi d'échanges et de rencontres.

# Partie 3

# Quand évoquer
l'implant cochléaire ?

# Implant cochléaire
# et implant d'oreille moyenne
# chez l'adulte devenu-sourd

## Professeur Sébastien Schmerber

*Médecin-chef de Service - Service d' ORL et chirurgie cervico-faciale*
*Brain Tech Lab INSERM UMR 1205 - Hôpitaux Universitaires de Grenoble Alpes*

Ma présentation, portant sur les implants auditifs, va être en deux parties : l'une à propos des implants d'oreille moyenne, la seconde partie sur l'implant cochléaire.

## Implant d'oreille moyenne

L'implant d'oreille moyenne est indiqué dans les surdités moyennes et non des surdités sévères et profondes qui relèveront essentiellement des implants cochléaires. Leurs indications sont en concurrence directe avec les appareillages auditifs classiques, mais ces implants ne seront proposés que lorsqu'il y a une intolérance ou une impossibilité d'appareillage classique. Ce qui fait que ces indications restent une niche parce que les appareils auditifs ont beaucoup progressé et donnent de très bons résultats même pour des surdités sévères.

Par contre si on a une absence congénitale de conduit auditif externe ou une intolérance majeure, un eczéma du conduit, l'implant d'oreille moyenne peut être une solution. De la même façon lorsqu'il y a une surdité mixte, par exemple une otite chronique avec une atteinte soit du tympan soit des osselets, on peut mettre un implant d'oreille moyenne. Dans certaines otites multiopérées, pour lesquelles on n'a pas de résultat, cela reste une option. On a aujourd'hui des petits dispositifs implantés avec une petite masse flottante avec une bille électromagnétique que l'on pourra placer un peu partout, où on le souhaite, marteau, enclume ou étrier, tout dépendant de l'indication, toujours dans le cadre des surdités mixtes.

La chirurgie d'une durée de moins d'une heure est réalisée en ambulatoire et est très codifiée. On fait une exposition suffisante et on vient disposer un implant. L'activation de l'appareil se fait 8 jours plus tard, avec des réglages beaucoup plus simples que pour un implant cochléaire, car il n'y aura pas de phase d'habituation centrale ni de travail de rééducation à faire. Le dispositif est de la mécanique pure, il y a un coupleur que l'on place sur le corps de l'enclume, en le poussant très légèrement, la chaine ossiculaire le supporte très bien. Nous avons une longue expérience avec ces implants qui existent depuis 1997. Nous avons en effet été les premiers à faire ce type d'implants en Europe.

On peut mettre ces implants ailleurs, avec des coupleurs très variés pour différentes zones ossiculaires, sur des cas malformatifs également. On peut les tourner comme on veut, c'est de la vibroplastie, puisque ces éléments sont des éléments vibrants. Un néologisme créé depuis quelques années. Cette vibroplastie permet de se sortir de mauvais pas dans nombre de circonstances. Il existe une nouvelle indication tout à fait originale, qui est de mettre directement ce dispositif à l'interface de l'oreille interne, près du tympan secondaire, ce que l'on appelle la membrane de la fenêtre ronde.

La chirurgie est totalement guidée par les ingénieurs, mais il fallait trouver le lien avec les chirurgiens pour valider l'approche. Il se trouve que pour ces dispositifs les essais ont été très bons dès le départ, car la taille du dispositif était totalement corrélée à la taille des éléments tympano-ossiculaires. Il faut rester très vigilant et se poser des questions de sécurité, de fiabilité et surtout de robustesse pour espérer un résultat à long terme. On cherche à mettre ces dispositifs, comme pour les implants cochléaires, pour plusieurs décennies. J'ai maintenant 22 ans de recul avec mes premiers patients encore porteurs de ce dispositif. Pour le comparateur, c'est l'implant cochléaire, car il est de rang A, il est au maximum de la tolérabilité au long terme, équivalent des critères requis pour l'industrie aéronautique.

L'implant d'oreille moyenne est versatile, c'est-à-dire qu'il peut être approprié pour différentes situations et pour nombre de patients, ce qui est sans doute la bonne approche. Il y a également des implants à conduction osseuse, qui est un concept tout à fait différent, qui consiste à venir stimuler le système par l'os. Donc c'est un implant qui est cousin de celui-ci, un implant que j'ai introduit en France en juin 2012. Nous avons maintenant 7 ans de recul, sur un implant qui est indiqué pour des situations très particulières. Il n'y a pas tant d'indications que cela. C'est un système à conduction avec pilier à peau ouverte, avec une vis en titane pour faire tenir l'implant. Ce dispositif est inséré sous la peau avec le processeur en bouton externe comme pour l'implant cochléaire. Évidemment, il est important de rester compatible IRM, car cela est fréquent, 80% des patients sur un suivi de dix ans ont besoin d'une IRM.

On peut aussi le proposer dans des cophoses unilatérales pour essayer de rétablir la stéréophonie, appelée stéréoacousie. Encore une fois, le choix de l'implant est toujours dicté par le résultat au long terme. On voit maintenant qu'il y a des phénomènes de convergence entre la technologie d'un implant pour une surdité d'oreille moyenne et un implant cochléaire. Ces deux mondes ne sont pas totalement étrangers.

## L'implant cochléaire

Je vais insister sur les aspects du devenu sourd. Il faut bien comprendre que l'audition, c'est le cerveau. Le capteur essentiel qui importe à tout le monde est le cerveau auditif et la capacité donnée in fine de percevoir et d'entrer dans la communication. Ce qui compte est donc au-delà de l'organe de la cochlée, même si le chirurgien doit faire à ce niveau le mieux qu'il peut.

Le système auditif remplit trois fonctions essentielles :

- Il extrait le signal du reste de l'environnement sonore dans un but de communication : dans le silence, c'est très simple, mais cela devient beaucoup plus compliqué dans le bruit.

- Il réalise un codage efficace par un dispositif électronique et ceci quelles que soient la langue et les différences de timbre interindividuelles qui vont générer des différences spectrales très importantes.

- Il assure la résistance du codage, soit la façon dont le signal est traduit puis transmis vers les différents relais des voies auditives centrales et cela toujours malgré les dégradations du signal par différents bruits (bruits de rue, etc.). Cela est valable dans toutes les situations, pour tous les types de surdités. Il faut retrouver toutes ces caractéristiques pour avoir un résultat satisfaisant.

Nous sommes en interface très étroite avec les fabricants, il y a quatre fabricants actuellement d'implants cochléaires. C'est très important d'avoir un dialogue de qualité entre nous pour parvenir à progresser. Ce qui m'importe est d'améliorer l'interface neurale entre les éléments intracochléaires, notamment la fibre auditive et l'électrode. Quand on a les bons critères de sélection des patients, qu'on a bien sélectionné la technologie, il y a aussi l'apport du chirurgien pour faire une chirurgie la moins traumatique possible. On n'y arrive pas encore, mais l'objectif que nous poursuivons est d'être totalement atraumatique. L'essentiel du travail dans l'implant cochléaire est à 70% la rééducation, le suivi orthophonique, les réglages et le travail avec les proches. C'est un point fondamental. Le cerveau, ce n'est pas de la mécanique.

L'implant cochléaire, contrairement à ce que l'on peut parfois penser, ce n'est pas une technologie récente. Cette technologie a plus de 60 ans. Évidemment au départ, il y a eu des époques où cela marchait mal et c'était compliqué, mais cela a commencé à prendre son envol en 1984. À Grenoble, cela a commencé tôt, les premières expérimentations ayant eu lieu en 1976 par le Dr Accoyer, avec une description historique des premières implantations dans sa thèse de Médecine. Il faut s'imaginer que l'on rentrait électrode par électrode dans la cochlée, avec des connecteurs inimaginables aujourd'hui !

Il y a quelque chose qui nous semble aujourd'hui évident et normal, mais qui reste une prouesse technologique : il s'agit de la possibilité d'offrir au patient implanté toutes les possibilités de la communication moderne (ordinateur portable, smartphone, Bluetooth, Wi-Fi, système FM...). Au départ c'était compliqué, mais maintenant la plupart des fabricants le proposent.

Le rapport de l'OMS en 2017 qui fait désormais date a pour la première fois présenté des conclusions claires sur l'impact mondial de la surdité. Il considère que dès qu'on a une surdité de 40dB ou plus, on est en situation de handicap. Le rapport montre que le coût financier mondial de la surdité, qu'elle soit légère, moyenne, sévère ou profonde, dépasse de très loin le coût global qu'il y aurait à équiper tous les gens souffrant de ce handicap, car il y a de nombreux impacts familiaux, professionnels surtout. L'économie serait considérable si on mettait des appareils auditifs ou des implants à cette population et se chiffre en dizaine de milliards. Cela reste des estimations, mais le travail est sérieux et ils ont bien comparé les coûts de la surdité à l'échelle planétaire et les coûts de la réhabilitation de toute cette population qui aujourd'hui n'est pas prise en charge. Cela touche l'enfant comme l'adulte et aujourd'hui il y a un point nouveau lié au vieillissement de la population en bonne santé. L'organe auditif malheureusement est particulièrement sensible à la sénescence, il vieillit moins bien que le reste et plus de la moitié des adultes de 65 ans ont une surdité. En France, on a 65 millions de Français, les 65-75 ans représentent environ 10% de la population, et ceux avec une surdité profonde au-delà de 65 ans 2%, soit 260 000 personnes. Cette statistique est terrible, car seulement 0,5% à 0,8% de cette population bénéficie d'un implant cochléaire. Il se pose aujourd'hui en France 1300-1400 implants par an pour 260 000 personnes qui en auraient besoin. Il y a encore un défaut d'information colossal. Je remercie les associations de devenus-sourds et le CISIC d'œuvrer dans ce sens, car on est très loin encore d'offrir un service satisfaisant à la population. Si on retourne sur la planète, on est 8 milliards, avec une prévalence de la surdité sévère à profonde pour les nouveau-nés de 3 pour mille, et si on ajoute les enfants qui développent des surdités dans les premières années (par des infections virales, par ex), on arrive jusqu'à 4 pour 1000. Je tiens à rappeler que la surdité est de loin le handicap le plus important à la naissance. En faisant le calcul, 32 millions de personnes peuvent être touchées, et il y a 750 000 personnes implantées dans le monde. Donc l'écart reste très important.

Que vous soyez implanté bilatéralement ou seulement d'un côté (avec un appareil de l'autre côté), on va chercher à restaurer une audition binaurale et de préférence symétrique, car le cerveau fait un travail complexe pour extraire le signal du bruit aux différents relais des voies auditives. Il a besoin de 2 oreilles. On cherche à avoir une audition proche de la normale, en termes de confort auditif, de perception vocale la plus normale possible, y compris dans le bruit. On commence maintenant à faire des tests dans le bruit pour des implantés cochléaires. Cela reste compliqué et difficile. Il faudrait aussi pouvoir être en mesure de dire au patient en pré opératoire ce à quoi il pourra s'attendre en fonction de sa surdité et de son ancienneté, de son histoire personnelle. Cela est très compliqué, on a parfois des déceptions comme parfois des très heureuses surprises. Je ne suis pas toujours en mesure de garantir le résultat. La stabilité du résultat est aussi le travail du fabricant et également pouvoir tenir compte de l'aspect émotif, psychologique ; nous sommes aidés en cela des psychologues et des orthophonistes. Malgré tous ces souhaits, les candidats à l'implant cochléaire n'accèdent pas au résultat auditif du normoentendant, en raison de facteurs individuels variables, de barrières physiologiques, neurales. Néanmoins on espère toujours autant, mais je reste dans une forme d'insatisfaction, car j'aimerais que cela soit mieux. Il y a encore des limites, des barrières à faire sauter pour se rapprocher le plus possible du normoentendant. Je vais faire simple pour les indications. S'il n'y a pas d'audition résiduelle, que ce soit un enfant ou un devenu-sourd, la situation est assez simple, on ne se pose pas trop de questions. Cela dit, de plus en plus de sujets ont des auditions résiduelles, avec une large variabilité fréquentielle, le plus souvent avec une perception résiduelle sur les graves. Mais là encore, les situations sont très variables. Le plus souvent ce sont des gens qui entendent bien dans le silence et on se demande ce que cela va donner en mettant un implant cochléaire.

On peut mettre un implant qu'on appelle électroacoustique, qui permet de ne pas toucher aux fréquences encore présentes. On essaie de mettre l'implant de façon la moins traumatique possible pour qu'on puisse redonner accès aux fréquences aiguës manquantes. Dans ces indications particulières, on sait qu'il y a un certain nombre de critères où la préservation auditive va dépendre de tous ces items : l'imagerie, le choix optimal de l'électrode, la technique, l'âge d'implantation. On ne sait pas pour l'instant s'il y a des traitements adjuvants type corticoïdes locaux qui permettraient de mieux préserver l'audition dans ces indications-là. Mais là aussi il y a aujourd'hui des recherches qui se font avec des rapprochements avec des laboratoires pharmaceutiques et des fabricants d'implants pour essayer d'avoir une couverture chimique de l'implantation, en pré et postopératoire pour améliorer les résultats.

En dépit des difficultés persistantes, on est toujours stupéfait des capacités auditives de nos patients, car leurs cerveaux opèrent une reprogrammation naturelle en faisant, pour dire simple, une compression fréquentielle : le cerveau sur un 2 000 Hz le bascule ailleurs et ils peuvent comprendre, même avec des limitations. Il s'agit d'une reprogrammation neurale, d'une plasticité absolument redoutable. Voilà les plages d'indication quand on a une audition résiduelle. En effet si la surdité profonde sans restes auditifs est assez facile, au contraire lorsque la surdité est en évolution permanente, c'est plus compliqué.

Ce qui nous intéresse aussi est l'origine de la surdité. Le niveau d'audition pré opératoire n'est pas corrélé avec le niveau postopératoire. La presbyacousie est une perte liée à l'âge, c'est l'évolution normale de la vie. Malheureusement on est amené à se dégrader dès la naissance. Il y a un stock limité de cellules ciliées externes et internes et de fibres auditives. On perd environ 5 dB par décade tous les dix ans, l'homme perd un peu plus vite que la femme et de l'ordre de 2 dB par an vers 80 ans. Aujourd'hui il y a de plus en plus de personnes vivant en bonne santé à cet âge-là. Mais le problème que l'on a est que de nombreuses études montrent une association entre la surdité et les troubles cognitifs. Ce sont les études cas/contrôle et les études longitudinales. Toutes les études disent que la surdité aggrave et accélère les troubles cognitifs. Cela est un vrai problème. On voit cela dans les démences d'Alzheimer. On aimerait que les gens passent leur retraite en bonne santé et surtout en bonne santé mentale, sans déclin cognitif. En plus suivant votre niveau de surdité, le risque est démultiplié. Avec une surdité sévère, le trouble cognitif peut être multiplié par 5, car suite à l'isolement, une dépression, vous devenez triste et votre cerveau ne travaille plus aussi bien.

Le risque de démence est aggravé également du fait du handicap auditif s'il n'est pas corrigé. On a cependant peu de connaissances sur le déclin cognitif des sujets âgés avec une surdité profonde. Les études n'ont pas inclus ces patients, elles ont porté surtout sur des patients ayant des surdités moyennes et sévères. Sur les surdités centrales, est associé un facteur 10 de développer une maladie d'Alzheimer. Cela est prouvé depuis 2013. La surdité n'est pas uniquement un facteur de risque élevé, mais un problème de santé publique, du fait de sa prévalence très élevée. On sait aujourd'hui que même les surdités moyennes concourent à ce déclin. Les mécanismes sont connus, c'est l'isolement social, la dépression, le déclin cognitif et éventuellement même des processus neurodégénératifs. On sait aussi que si on corrige et réhabilite le trouble auditif, les performances cognitives vont réaugmenter. Si on n'agit pas trop tard, le système est réversible. Vous connaissez tous les conséquences de la perte auditive sur la santé : mémoire défaillante, problèmes relationnels, phénomènes d'incompréhension au sein du couple, de la famille, en société, donc un isolement social. Les gens ne sortent plus. Il y a aussi également un problème de sécurité, que l'on a tendance à sous-estimer, car nous sommes dans un monde sonore et il faut être en capacité d'entendre les alarmes, les bruits de circulation, etc. Comment dépister les troubles cognitifs ? C'est le travail des psychologues d'évaluer le déclin cognitif et son retentissement au niveau du cerveau auditif. Il y a donc un intérêt pour un bilan orthophonique dont vous avez dû parler hier.

Pour terminer, des informations sur le plan chirurgical : on a évidemment toute une batterie de tests et imageries préopératoires, permettant aujourd'hui de proposer aux patients une chirurgie la plus individualisée possible. On sait que les cochlées ont des tailles très diverses. On va faire des mesures assez sophistiquées de la longueur de la cochlée pour adapter au mieux le choix de l'implant et agir sur la tonotopie cochléaire à savoir que l'on va chercher à couvrir la gamme fréquentielle la plus judicieuse, pas forcément la plus complète, pour que ça fonctionne au mieux. Le radiologue fait ces mesures et on fait des calculs pour trouver l'électrode la plus adéquate. Voici une coupe histologique de cochlée, on voit que c'est un organe complexe, qu'on a du mal à imaginer, car c'est une structure 3D avec un enroulement de différentes rampes, rampe tympanique inférieure dans laquelle va se trouver l'électrode de l'implant, la rampe vestibulaire. On a ici le départ des fibres auditives avec les relais ganglionnaires et progressivement la structuration du nerf auditif. Le squelette cochléaire : on voit l'origine d'entrée de l'électrode, on va rentrer dans cette rampe sur toute la hauteur, avec un enroulement jusqu'à 720 degrés c'est-à-dire jusqu'à 2 tours de spire. Pourquoi 2 tours de spire ? Parce qu'on a cette organisation tonotopique, soit une organisation place / fréquence : à une place donnée de la cochlée correspond une fréquence donnée. À la base, on a accès aux fréquences aiguës et vers le sommet ou apex de la cochlée, aux fréquences les plus graves. Je vous rappelle que le spectre auditif de la parole va de 125 Hz à 8 000 Hz. Il y a de multiples tailles de cochlées : il faut donc varier les tailles d'électrodes. C'est un concept que je cherche à mettre en avant : l'individualisation totale de l'implant cochléaire. Il faut de plus tenir compte de la lumière de ce canal qu'est la rampe tympanique, qui n'a pas une lumière uniforme, car le tuyau n'a pas de diamètre constant : il y a des rétrécissements dans certains endroits qui pourront parfois poser problème pour insérer complètement les électrodes. Aujourd'hui, on a besoin d'outils de plus en plus sophistiqués pour corriger les problèmes potentiels que l'on peut avoir. Je pense notamment à l'imagerie peropératoire.

Je dirai quelques mots sur le futur, notamment tout ce qui concerne la robotique chirurgicale. Donc différentes tailles de cochlée, avec un seul type d'électrode, voilà ce qui se passe : on aura des sujets qui entendent bien et d'autres non. Mais si vous individualisez votre patient, tout va mieux. Cela ne nous semblait pourtant pas évident au départ, car on manquait de données. Maintenant, on a des mesures précises, le logiciel d'une tablette nous donne les informations avec comme objectif final d'obtenir le même résultat pour tous les sujets.

Il y a des logiciels bien établis : on peut choisir la plage tonotopique, heureusement les fabricants travaillent de concert avec nous et ont développé des électrodes de tailles très variables. Autre point important, les fabricants développent des électrodes petites, souples à insérer, non traumatiques. Le chirurgien doit bien considérer que l'organe cochléaire est extrêmement fragile, on travaille sur des structures neurales de l'ordre du microscope, avec des zones très fragiles, notamment la partie médiale, interne. Il y a de l'os, des petits trous, qu'il faut préserver au maximum. Les forces exercées sont très faibles, de l'ordre de quelques milli à quelques dizaines de milli newtons. C'est très faible, mais il ne faut pas que cela soit plus. Ici, une coupe histopathologique d'un implant en place, on voit que ce n'est pas bon, on a fait un débordement, on a poussé la membrane basilaire vers le haut, on ne veut pas que cela soit comme ça. Cela peut signifier que l'électrode a été trop grande ou trop rigide, entraînant un soulèvement de la membrane basilaire. Demain, le robot chirurgical sera une réelle aide pour l'insertion atraumatique de l'implant cochléaire.

## Questions de la salle

> Bonjour, merci beaucoup pour ce très intéressant exposé. Je voudrais vous poser une question au sujet des appareils pour l'oreille moyenne. Vous avez dit que vous voulez implanter pour une vingtaine d'années, mais qu'il y a des progrès permanents, en particulier liés à la communication. Il y a donc des échelles de temps différentes, les progrès sur la communication vont plus vite que l'échelle de temps que vous souhaitez avoir avec les implants. Que se passe-t-il par exemple pour des patients implantés depuis 10 ans et qui voudraient avoir maintenant les appareils de nouvelle technologie ?

Sébastien Schmerber : C'est quelque chose qui est maintenant prévu par les fabricants. C'est vrai pour l'implant d'oreille moyenne comme pour l'implant cochléaire. À savoir que l'intelligence ne se trouve pas tant dans la partie interne que dans le processeur externe. Pour cela les dispositifs sont semi-implantables. Les fabricants ont tenu compte de ces éléments et sont en charge de proposer, lorsqu'il y a une nouvelle génération de processeur externe qui arrive, qu'elle soit rétrocompatible avec les anciennes versions d'implant qui sont dans l'organisme. Cela est assez récent, cela a une vingtaine d'années. J'ai eu le problème d'une patiente qui a été implantée il y a 25 ans et la dernière génération n'était pas rétrocompatible. Mais maintenant sur 20 ans, toutes marques confondues, les marques sont rétrocompatibles. C'est une technologie prête pour le futur.

*Vous avez surtout parlé des personnes implantées d'un âge avancé, qu'en est-il des enfants ? Quelle est la proportion d'enfants implantés par rapport aux adultes ?*

Sébastien Schmerber : La proportion est d'à peu près 1/3 par pays. On a depuis un peu moins de dix ans le dépistage néonatal systématique de la surdité. On a une efficacité du dépistage de 99%, ce qui est excellent. On a corrigé cette anomalie qui était de ne pas dépister le handicap le plus fréquent dès la naissance. En France, la prévalence de la surdité profonde est de 1 pour 800 à 1 pour 1000 à peu près. En 2018, il y a eu environ 750 bébés susceptibles de bénéficier d'un implant cochléaire. Sachant que c'est quand même compliqué parce qu'il faut confirmer le diagnostic qui sera définitif vers 6 mois. Il faut faire un accompagnement familial. Cela nous amène autour d'un âge de 10-12 mois pour les enfants dont on confirme la nécessité de l'implant. Pour moi, c'est l'âge idéal, plus tôt les risques chirurgicaux sont plus importants.

*Bonjour, je voudrais revenir sur la compatibilité implant/processeur. J'ai été implanté depuis 15 ans. Depuis 3 nouveaux processeurs sont sortis, il faut attendre à chaque fois un certain temps pour les rendre compatibles. Est-ce que la rétrocompatibilité nous donne réellement toutes les nouvelles performances des nouveaux processeurs ?*

Sébastien Schmerber : C'est une très bonne question. Il est difficile de vous répondre, car on approche un petit peu les secrets industriels. Dans votre cas, vous avez une limite de rétrocompatibilité et le fabricant va sortir un nouveau processeur. Ils ont un décalage de 5 ou 6 générations. Dans un premier temps, ils vont d'abord travailler sur la rétro compatibilité des générations n-1, n-2 et n-3, car ce sont celles-ci qui concernent le plus de personnes. Ensuite les générations n-4, n-5 en étalant cela dans le temps. Je suis le premier à le regretter. On leur demande toujours pourquoi ils n'assurent pas dès le départ une rétrocompatibilité complète sur 20-25 ans. Certains fabricants le font, mais pas tous avec parfois une attente d'un an, ce qui nous laisse dans une forme d'incrédulité. Le deuxième point concerne le codage qui est du bricolage informatique : est-ce que l'on a la même performance au final ? On n'a pas la réponse. Les fabricants ne nous le disent pas. On ne sait pas ce qu'ils bricolent au niveau informatique d'un point de vue logiciel pour avoir la rétrocompatibilité des processeurs externes n-4, n-5. Si vous êtes satisfait de votre processeur externe alors que vous êtes implanté depuis 15 ans, je vous engage à ne pas le renouveler systématiquement. C'est une excellente question pour laquelle je n'ai pas la totalité de la réponse.

*Je vois qu'il y a des personnes implantées latéralement et d'autres bilatéralement. Pourquoi y a-t-il ces deux cas, sachant que les personnes ont souvent une perte bilatérale ?*

Sébastien Schmerber : Dans un premier cas, il y a des stimulations binaurales bimodales, à savoir implant cochléaire d'un côté et appareillage auditif de l'autre côté. Pour moi c'est très intéressant, car pour des personnes qui ont encore un appareil de l'autre côté, même si elles n'ont pas beaucoup d'informations et pas beaucoup de compréhension, malgré tout l'appareillage pourra encore apporter des informations que n'apporte pas l'implant cochléaire. Je pense notamment au fondamental laryngé que l'implant a du mal à apporter comme aussi l'information prédominante sur les graves. Donc ça peut être un bon mixte de faire la fusion des deux sachant que le cerveau auditif s'en accommode plutôt bien. C'est la première situation. La deuxième situation est celle du patient implanté unilatéral, qui a de bons résultats et qui est satisfait. Il n'a aucun reste auditif de l'autre côté, mais le patient dit que ça va bien. Là encore, le cerveau auditif s'est bien adapté, accommodé de cette situation auditive. Dès lors, pourquoi changer les choses ? Enfin il y a les sujets qui sont demandeurs d'être bilatéralisés, soit sur nos conseils soit sur leur envie. Ce n'est pas une situation systématique, il faut respecter le choix du patient avant tout. Notre attitude générale dans le centre, c'est de penser qu'il faut se donner du temps, ne pas se précipiter. Il faut tenir compte des réglages, comment se fait la réhabilitation, est-ce que la plasticité cérébrale est de bonne qualité ? Il y a tous ces facteurs à prendre en compte. Il faut y aller prudemment et il ne faut pas forcer la main. Nous sommes face à diverses situations qui traduisent la diversité des handicaps auditifs. Donc rien de systématique, il faut adapter.

*D'après ce que vous venez de dire, il n'y a pas une grande concertation entre le milieu médical et le milieu technique. Il semble que vous n'arrivez pas à connaître tous les 'secrets' des fabricants.*

Sébastien Schmerber : Si, la concertation est permanente. Mais on ne connaît pas tous les secrets, car ce sont des multinationales qui opèrent dans 150 pays et il y a des informations dont ils ne souhaitent pas parler. Ils sont un peu honteux de certaines choses. Il se trouve que je suis expert pour deux fabricants, je sais comment ils travaillent. On leur met la pression pour que cela change. De même, pour les processeurs boutons, moi cela ne me convient pas. Il y a des processeurs externes de plus en plus communicants (Bluetooth, téléphone, etc.), c'est super. Puis les fabricants nous parlent du processeur bouton, mais ce bouton ne communique avec rien. Donc retour vers le passé. On est en droit de leur demander que le processeur bouton ait les mêmes fonctionnalités que le contour, voire supérieures. Car la marche en avant, c'est le progrès, ce n'est pas la régression. S'ils ne le font pas, on leur fait remonter.

*Je voudrais vous demander les incidences des implants cochléaires sur les vertiges et sur les acouphènes.*

Sébastien Schmerber : Sur les acouphènes, il y a deux aspects. Pas d'acouphène en pré opératoire, acouphènes postopératoires, cela peut arriver, pas très fréquemment, mais il y en a. Il y a aussi la situation avec surdité et acouphènes invalidants : il y a des cas où l'implantation améliore considérablement les acouphènes, en travaillant bien sûr avec les régleurs, avec des patients qui disent que lorsque l'implant est branché, l'acouphène disparaît, et qu'il revient le soir quand il débranche l'implant. Mais on a une variabilité de situations très importante. Pour les vertiges : depuis dix ans, les patients que j'implante sont opérés en chirurgie ambulatoire. Des vertiges, il y en a de moins en moins, mais tout n'est pas réglé. De temps en temps surviennent des instabilités 3 à 4 mois après la chirurgie, il se passe probablement des choses dans la cochlée, car l'implant reste un corps étranger, il y a des fibroses qui peuvent causer des instabilités, cela est rarement invalidant. On a quelques patients pour lesquels c'est plus important. Cela reste une incidence faible et qui survient plus à distance que dans le postopératoire immédiat.

*Par rapport aux tests que l'on fait dans le bruit, sont-ils harmonisés maintenant et quel type de bruit utilise-t-on : cocktail-party ou bruits blancs ?*

Sébastien Schmerber : Il y a toujours plusieurs tests dans le bruit, nous on aime bien le test Matrix. Cela permet d'avoir un rapport signal / bruit précis, mais qui reste difficile chez l'implanté. Il faut bien comprendre la situation de la compréhension dans le bruit, c'est une situation très courante dans le vivant, mais qui relève d'un miracle auditif. Un bruit de 10 dB plus élevé que le signal de parole, on pourrait se dire qu'on n'est pas en capacité d'écoute, or le normo-entendant sait le faire. Plus 10 dB le cerveau sait le faire, mais pas l'implant cochléaire. La comparaison qu'on peut prendre, c'est avec le système visuel. C'est comme lorsque vous avez le soleil qui vous éblouit, vous voyez une ombre devant vous et non la personne. Or le système auditif, lui, sait faire cela, il extrait le signal de parole du bruit.

*Dans le cas de la maladie de Ménière, est-ce qu'il y a une amélioration ?*

Sébastien Schmerber : Oui, cela est un peu plus simple, car il y a un aphorisme qui dit « Ménière vieillit, Ménière guérit ». C'est vrai sur le plan vestibulaire, donc sur les troubles de l'équilibre. Par contre, il reste la surdité.

*Vous avez annoncé que la partie chirurgie correspond à 30% par rapport à la surdité. Donc les 70%, c'est la rééducation. Est-ce que l'on peut considérer que le parcours de rééducation est suffisant, n'y a-t-il pas des progrès à faire dans le parcours de rééducation ?*

Sébastien Schmerber : La réponse est évidemment oui. Il y a des progrès à faire. Une limitation actuelle : la prise en charge du sujet implanté est trop centralisée, trop dépendante des CHU. À un moment donné, il faudrait pouvoir externaliser au moins une partie et imaginer une forme de guidance avec une organisation différente au niveau des réglages et du suivi orthophonique. Ce n'est pas un problème spécifique à la France. On en parle en congrès international souvent. Mais la réponse est oui, on peut et doit faire mieux.

## Témoignage
# La décision de se faire implanter et les premières semaines post-implant

### Françoise Bertrand

*CISIC Centre d'Information sur l'Implant Cochléaire*

Je suis bénévole au CISIC pour la région Alpes. C'est le centre d'information sur la surdité et l'implant cochléaire. C'est une association loi 1901, créée en 2002 par une dizaine de personnes implantées. Aujourd'hui le CISIC atteint 5 000 membres. Le CISIC organise régulièrement des permanences et des réunions d'information dans toute la France. Les réunions d'information se situent dans les centres d'implantation cochléaire. Il organise aussi régulièrement des réunions techniques tous les 3 ans avec les fabricants d'implants et les audioprothésistes. Les permanences ont pour but d'informer les futurs implantés, les personnes déjà implantées et les parents d'enfants implantés.

Ces personnes ont besoin d'être rassurées. On leur amène du matériel factice à manipuler. On leur explique comment cela fonctionne ; certains pensent qu'une antenne sort du crâne pour relier l'implant aux récepteurs. On leur montre ce que l'on a et on leur donne beaucoup d'informations. Tous les bénévoles ont des implants de marques différentes. On en parle, mais on n'est pas là pour donner les avantages des uns et des autres, mais plutôt pour expliquer comment ça fonctionne. À Grenoble, on intervient une fois par mois au CHU au sein du service ORL. La plupart des candidats à l'implantation que nous rencontrons ont déjà des prothèses auditives, ce sont des personnes d'un âge avancé. Leurs prothèses ne suffisent plus. La première fois que ces personnes entendent parler de l'implant, elles en ont toujours un peu peur.

Maintenant, je vais vous parler un peu de mon parcours. Pour ma part, ma réflexion avant l'implantation a duré 5 ans. J'ai consulté une première fois en 2009 puis en 2014. Je suis devenue malentendante à la suite d'une otospongiose. J'ai été opérée en 1971 et 1972 avec succès, jusqu'en 1982, tout marchait bien, je ne pensais pas du tout que cela ne durerait pas. Je croyais que j'étais opérée pour la vie. L'opération consiste à changer l'étrier. On met un étrier en téflon, je crois. Cela a très bien marché, j'entendais les oiseaux, c'était formidable. Et je ne me rendais pas compte que je n'avais jamais bien entendu. En 1982, on m'a réopérée pour voir si le petit osselet n'avait pas bougé. À l'époque il n'y avait pas de scanner ni d'IRM. On m'a réopérée en anesthésie locale. J'ai entendu tout ce qui se passait. Le chirurgien a dit : « bon, ce n'est pas la peine, on referme ». Je me demandais ce qui se passait. Le chirurgien m'a dit qu'il n'y avait plus que l'appareillage possible. J'ai donc été appareillée en 1982 après la naissance de mes enfants. On disait à l'époque que la grossesse aggravait l'otospongiose. J'ai eu des prothèses de plus en plus performantes.

En 1992, après la reprise de mon travail, j'ai fait une otite séreuse. J'ai eu une surdité totale pendant 4 mois. J'ai consulté le professeur Charachon qui déjà me parlait de l'implant. Je ne savais pas du tout ce que c'était. J'en ai parlé à mon ORL qui m'a dit que c'était trop tôt. J'ai eu une pose d'aérateurs (des yoyos), cela n'a pas été facile à vivre avec des enfants adolescents, car ma compréhension devenait de plus en plus difficile. J'ai de nouveau entendu parler de l'implant cochléaire. En 2009, mon ORL m'a dirigée vers le professeur Schmerber. J'ai rencontré des bénévoles CISIC, j'ai fait tous les examens (scanner, IRM...), j'ai rencontré la psychologue et j'ai refusé, car j'ai eu peur. Pourtant M. Schmerber m'avait proposé l'implantation. Mais ce devait être trop rapide pour moi. Le temps a passé et à l'évidence cela devenait de plus en plus difficile, entre-temps j'ai pris une retraite anticipée, j'ai recommencé à penser à l'implant. Et là je me suis préparée. J'ai suivi des séances d'apprentissage en lecture labiale, car je comprenais un peu, mais pas suffisamment. J'ai pris rendez-vous avec le chirurgien et j'ai été implantée. Après l'implantation, c'était compliqué, je ne comprenais rien, je n'entendais que des bruits, j'avais l'impression d'entendre des cloches, comme les clarines des vaches. Je me suis un peu désespérée, car cela a été long. À ce moment-là, j'ai eu une période de découragement et je regrettais vraiment d'avoir été implantée. Avant je me débrouillais à peu près avec mes prothèses et là, ça me semblait...

Peu à peu les choses ont évolué avec l'aide de mon orthophoniste. J'ai eu des séances d'orthophonie, pas tant que ça finalement si je compare avec d'autres personnes que j'ai vues en permanence, une séance par semaine pendant un an. Mon conjoint m'a beaucoup aidée, il me faisait répéter, il me faisait la lecture tous les jours. J'ai avancé, j'ai repris confiance, en fait il m'a fallu presque 2 ans pour bien comprendre et profiter pleinement de mon implant. C'est pour cela que l'on rassure souvent les gens en permanence, car ils arrivent découragés. On leur dit : non, cela viendra, il ne faut pas vous décourager. Cela dépend des personnes, on n'est pas égaux devant l'implant, c'est très variable. Aujourd'hui tout va bien, je peux mener une vie active, j'ai une boucle magnétique à la maison pour la télévision, pour le téléphone je me débrouille pas mal, sans accessoire, surtout avec ma prothèse. J'essaie avec l'implant, bon, ça viendra... Pour l'instant, je ne suis pas du tout prête pour un deuxième implant. Tant que ça marche comme ça, j'ai une vie active, tout va bien. Beaucoup de personnes entendent très bien, très vite, on est stupéfaits en permanence, au bout de deux mois ils comprennent bien. Pour d'autres, c'est beaucoup plus long, comme moi. Mais il ne faut pas se décourager, il faut beaucoup encourager les personnes, elles en ont besoin. En conclusion, c'est quand même une belle aventure !

## Questions de la salle

*Bonjour, j'ai retenu une chose : deux ans ! C'est vrai, c'est vrai que c'est le côté effrayant. Deux ans pour en profiter pleinement. Certains deux mois, mais vous deux ans. C'est vrai que c'est le genre de choses qui m'amène à réfléchir et à hésiter beaucoup, parce que j'ai l'impression qu'effectivement le temps de récupération peut être très long.*

Françoise Bertrand : Ça peut être très long, mais ça peut être très rapide. Comme je vous l'ai dit, il y a des personnes qui deux mois après entendent très bien, on est stupéfait quand on les voit aux permanences. Quand je dis deux ans, moi c'est pour en profiter pleinement. Il y a eu une évolution, la première année a été très difficile. Il ne faut pas regretter de toute façon, je crois qu'il y a très peu d'échecs.

Sébastien Schmerber : Voilà, l'implant cochléaire, c'est un peu comme si vous appreniez une langue étrangère, Babel dit qu'on apprend une langue étrangère en quinze jours, mais ce n'est pas vrai. Sinon on parlerait tous 15 langues.

Éléna Navon (orthophoniste) : Simplement pour rajouter, que deux ans, c'est l'expérience de Mme Bertrand, mais c'est vraiment très différent selon les patients, selon l'histoire auditive, selon aussi l'apparition de la surdité, selon qu'elle est brutale ou ancienne. Il y a des patients qui nous bluffent dès les premiers mois, qui ont des résultats excellents. Il ne faut pas se dire, c'est deux ans et cela va être dur pendant deux ans, ça dépend vraiment des patients. Je pense qu'il faut garder cela à l'esprit.

Sébastien Schmerber : Ça aussi, c'est une question difficile. En relation avec le grand âge absolument. Relation surtout aussi avec la durée de la surdité, bien entendu. Mais ensuite on a des patients relativement jeunes qui ne sont pas des super-performeurs et on a des sujets plus âgés qui performent très bien. Donc ce n'est pas une règle systématique.

Françoise Bertrand : Un jour on a vu un monsieur de 90 ans. Et à côté, il y avait une dame de 70 ans qui hésitait, qui n'était pas convaincue, et ce monsieur est arrivé, il a dit son âge et la dame a été épatée !

Une personne dans la salle : Bonjour, pour répondre au sujet de l'âge d'implantation. Quand je faisais les permanences au CISIC, peu de temps après mon implantation, on avait vu arriver un matin une petite dame de 85 ans, qui ne les faisait pas du tout, toute pomponnée, toute mignonne, et qui pleurait comme une madeleine parce qu'elle n'entendait pas beaucoup. On a pris du temps pour lui expliquer. Elle a franchi le pas, elle s'est fait implanter. Les permanences suivantes, on ne l'a plus jamais revue. Et plusieurs mois après en circulant dans le service ORL, j'arrive dans la salle d'attente des consultations et je vois cette petite dame, je vais lui dire bonjour et là un grand sourire : elle m'a expliqué que tout allait merveilleusement bien, elle était ravie, elle entendait tout, donc vraiment... 85 ans ! Voyez, l'âge n'est pas effectivement un critère formel à prendre en compte, ça dépend de beaucoup d'autres choses.

---

*Je voulais savoir quelle est la réversibilité en cas d'échec ?*

Sébastien Schmerber : La réversibilité, je ne parlerai pas de réversibilité, car il n'y en a pas. Si vous avez des restes auditifs et que l'on implante, et si après l'implantation il n'y a plus de restes auditifs, même en enlevant l'implant, ils ne reviendront pas. Ensuite ce qui est possible, si vraiment l'implant ça ne marche pas, les patients arrêtent de porter l'appareil. Mais il n'y a pas de réversibilité en tant que telle, puisque pour envisager une réversibilité, il faudrait que ce soit possible d'enlever une électrode dans la cochlée et d'arriver à une situation où rien ne s'est passé, or il s'est passé des choses dans la cochlée avec un implant.

Françoise Bertrand : C'est ce qui m'a fait peur, qui m'a fait reculer pendant 5 ans. Car je savais que si ça ne marchait pas, il n'y aurait plus rien.

*Je voudrais revenir sur ce que vous avez dit, Professeur, sur le fait d'« apprendre une nouvelle langue », c'est ce qu'on m'avait dit et qui m'avait bloqué sur ma décision d'être implanté. Dès que j'ai été activé, j'ai entendu. Je pense que je m'inscris en faux, car ce n'est pas mon vécu.*

Sébastien Schmerber : Oui, alors, il faut que vous vous mettiez à la place du clinicien. Nous, notre responsabilité, c'est d'essayer de dire la vérité aux gens. Comme je vous le disais tout à l'heure, pour nous il est très difficile d'avoir des éléments prédictifs du résultat. On en a quelques-uns, on ne les a pas tous. Ma responsabilité, c'est aussi de dire aux gens, attention il y a des limites, attention cela va être long. Et effectivement on a des surprises où ça marche très bien, très vite. Et moi, j'ai quelques souvenirs de patients où ça a été très compliqué, six mois, un an... j'ai en tête notamment une patiente qui m'en a beaucoup voulu, et effectivement au bout de deux ans, elle venait chaque fois 'avec la banane' tellement elle était satisfaite. Mais ça a mis deux ans. Votre situation individuelle et la situation de l'équipe peuvent être un peu différentes, car nous avons toute une plage de patients très différents. Le monde est différent, les gens sont différents et ainsi en va-t-il dans un centre d'implants.

*Je voulais raconter quelques trucs. Personnellement, après mon implantation, la parole est venue très vite, par contre ce qui était très déstabilisant, c'était les bruits. Il y en avait de très agréables : par exemple, j'ai réentendu le chant des oiseaux, alors que, à part les corneilles, les autres ça ne passait pas ; donc c'était vraiment très agréable. Par contre les voitures... les voitures au début je me demandais ce que c'était... c'était un son très gargouillant, je ne savais jamais ce que c'était, les camions, c'était encore pire. Et par contre il y avait des bruits extraordinairement plaisants à réentendre, comme le murmure des fontaines, le bruit des feuilles dans les forêts, les feuilles sèches qui craquent, le bruit du vent... Donc c'est vrai qu'il y a des choses qui peuvent être un petit peu angoissantes au début. Maintenant avec les nouveaux implants, je ne sais pas, c'est peut-être plus performant. Toujours est-il qu'effectivement, il faut savoir qu'on aura du travail à faire, qu'il faut se mettre en situation surtout, ne pas rester chez soi. La radio était difficile aussi au début, je me mettais proche au début des enceintes, puis petit à petit je me reculais. Ce sont des expériences peut-être communes à certaines personnes.*

# Prise en charge pluridisciplinaire du patient implanté

*Eléna Navon et Catherine Rebière*

Régleuses & orthophonistes, CHU Grenoble

Catherine Rebière : Nous intervenons aujourd'hui en notre qualité d'orthophonistes et de régleuses d'implants cochléaires au Centre d'Implantation Cochléaire des Alpes du CHU de Grenoble. Nous allons vous parler de la prise en charge pluridisciplinaire du patient implanté.

Eléna Navon : Pourquoi une équipe pluridisciplinaire autour du patient implanté ? Il s'agit de rappeler que l'implantation est un parcours de soins, ce n'est pas une simple opération, qui viendrait réparer l'audition une fois pour toutes. C'est une étape déterminante dans la vie du patient. Et comme on l'a entendu ce matin, c'est une décision irrémédiable, et c'est ce qui peut faire peur, puisque le retour en arrière n'est pas possible. Entendre avec un implant cochléaire, c'est une nouvelle façon d'entendre. On n'entend pas comme avant. On mettra un bémol sur la 'langue étrangère' pour les patients devenus-sourds, puisque vous avez entendu avant, que vous connaissez le français, donc votre cerveau est déjà habitué à cette langue. Les sons ne sont plus perçus comme une stimulation acoustique, mais bien électrique. On ne peut plus remettre sa prothèse si on en avait une auparavant. Le patient va avoir besoin d'un réseau important autour de lui pour mener à bien cette aventure qu'est l'implant cochléaire et pour l'accompagner et le soutenir dans sa démarche de réhabilitation de son audition et de sa communication. Je vais tout d'abord vous parler du bilan pré implant, qui est la première étape de ce parcours.

Le bilan pré implant commence avec une consultation médicale avec un médecin ORL, qui va reprendre avec le patient l'histoire de la surdité, de l'appareillage prothétique et le contexte médical général, notamment les pathologies associées, la présence d'acouphènes, de maladie vestibulaire. Le médecin va vérifier également le bon état général du patient en vue de l'anesthésie générale et de la chirurgie. L'objectif est de voir si le patient est un bon candidat à l'implantation ou pas, avec appui d'un bilan audiométrique (audiométrie tonale et vocale), pour avoir une idée précise de ce que le patient entend avec et sans appareils. Le patient va avoir des examens radiologiques (scanner ou IRM), où on va rechercher s'il n'y a pas de contre-indications anatomiques de la cochlée ou du nerf auditif ou des pathologies associées qui empêcheraient l'implantation. Cela donne également des informations au chirurgien sur la taille et la forme de la cochlée, pour le choix du type de la partie interne. Un bilan vestibulaire clinique et instrumental sera également proposé : on va s'assurer de l'intégrité du vestibule, organe de l'équilibre qui fait partie de l'oreille interne. Le patient aura aussi un bilan orthophonique de la communication et de la réception du message oral. Également, un entretien psychologique pour revenir sur le vécu de la surdité. Cette rencontre avec le psychologue permet d'analyser la demande du patient, sa motivation et les attentes quant au bénéfice de l'implant cochléaire. Cela va aider le patient à avoir des attentes réalistes pour élaborer son projet. Il s'agit aussi de répondre à des inquiétudes éventuelles, l'objectif étant de voir si le patient est prêt psychiquement à s'engager dans le processus de l'implantation. Il y aura enfin une consultation d'anesthésie, comme avant toute opération sous anesthésie générale. Une rencontre avec une personne implantée est proposée si le patient le souhaite, via le CISIC qui assure la rencontre entre patients au CHU. À la suite de tous ces bilans, l'équipe du centre d'implantation se réunit et va statuer sur la bonne indication ou non d'implantation cochléaire. Si la décision est positive, un rendez-vous est pris avec le chirurgien pour valider l'implantation avec le patient et organiser la chirurgie.

Catherine Rebière : Je vais vous détailler le bilan orthophonique qui fait partie du bilan pré implant. Il est réalisé au centre d'implantation par les orthophonistes de l'équipe, il faut compter deux heures et on aime bien qu'il soit réalisé en présence d'une personne proche de la personne implantée, de manière à ce qu'elle entende aussi ce que l'on va expliquer au patient. Le premier objectif est d'évaluer l'impact de la surdité sur la communication, le langage, les interactions et l'autonomie du patient. On recueille les plaintes du patient : quelles sont les difficultés qu'il vit au quotidien, en famille, avec ses amis, au travail ? Est-ce qu'il a des difficultés au téléphone, lorsqu'il regarde la télévision, lorsqu'il écoute la radio ? On va ensuite évaluer la compréhension de la parole : on utilise des tests de répétitions de mots et de phrases. C'est une évaluation quantitative en termes de pourcentages de compréhension qui nous permettront de voir si le patient est éligible ou pas à l'implant. Mais l'évaluation est aussi qualitative, on analyse les fautes, les erreurs, les confusions de son : cela permet de voir quels phonèmes sont mal perçus, dans quelles zones de fréquence il y a une gêne. Ces tests vont aider à poser l'indication ou la contre-indication d'implantation cochléaire et définir le côté à implanter. Cet entretien sera aussi l'occasion de donner des informations techniques sur l'implant, les fabricants mettent à notre disposition des processeurs factices que l'on peut montrer au patient pour qu'il réalise ce qu'est un processeur d'implant, en choisir la couleur. Et enfin on présente le suivi post implant, dont on parlera tout à l'heure. Après ce long bilan pré implant, il y aura l'intervention chirurgicale sur laquelle je ne reviendrai pas puisque Monsieur Schmerber nous en a longuement parlé. Pour les adultes, elle est réalisée en ambulatoire. Les enfants passent en général deux nuits au CHU, la nuit d'avant et la nuit d'après. L'implantation est réalisée sous anesthésie générale et l'acte dure 1h30 environ. Le chirurgien place la partie interne, avec les électrodes à l'intérieur de la cochlée. Lorsque le patient ressort, la partie interne n'est pas encore en fonction, le patient n'entend toujours pas. On le reconvoque une à deux semaines plus tard pour activer les électrodes. Il y a des soins infirmiers faits pendant quelques jours au domicile du patient pour surveiller la cicatrisation.

Eléna Navon : L'activation a lieu au CHU par un régleur, dix à quinze jours après la chirurgie. Parfois elle peut avoir lieu le lendemain de la chirurgie, en fonction du patient, de son lieu de vie. Cela dure environ 2 heures et c'est un moment chargé émotionnellement pour le patient, avec de l'excitation, de la peur et de l'appréhension parfois. Aucune activation ne se ressemble. On va poser le processeur sur l'oreille, on va l'allumer et on met en marche chaque électrode une à une via un ordinateur. Une fois que les électrodes sont activées, on va parler, faire quelques bruits, voir si le patient réagit et ajuster l'intensité pour obtenir une première sensation auditive. La mise en marche ne permet souvent pas de comprendre. Cela dépend vraiment des personnes. On entend des bruits et des sons, mais on ne les identifie pas encore et cela est normal. Des patients nous parlent de voix robotiques, bizarres, des voix de canards, on a des patients qui entendent des 'cui-cui-cui', d'autres des cloches. J'insiste sur le fait que cela ne présage pas de la suite, cela ne veut pas dire que l'implant ne marche pas et qu'il ne va pas marcher. C'est important à garder en tête. On doit rassurer le patient sur ses premières perceptions en lui rappelant que la compréhension viendra au fil des réglages et de la rééducation orthophonique. On peut tester rapidement et recueillir les retours du patient sur les bruits et les sons de la parole perçus, pour réajuster selon ses commentaires « c'est trop fort », « ce n'est pas assez fort », « ça résonne » « j'ai l'impression d'être dans un tunnel »... Cela est vrai à chaque réglage, avoir le feedback du patient permet de réajuster. L'objectif à l'activation, je le rappelle, n'est pas la compréhension, c'est que le patient ne soit pas agressé, qu'il puisse porter son implant le plus longtemps possible, et qu'il y ait une détection des bruits. Le deuxième temps de l'activation porte sur le matériel, la manipulation du processeur. On n'explique pas tout à l'activation, on va montrer les bases : comment charger les batteries ou changer les piles selon le cas, changer le programme, régler le volume. Lors de ce rendez-vous d'activation, il y a également une consultation orthophonique pour bien s'assurer qu'il y ait détection de la parole : l'orthophoniste donne des conseils sur les deux semaines à venir et explique comment profiter de l'implant. La séance d'activation est un moment intense en informations pour le patient, c'est un moment très fatigant, c'est bien de prévoir de venir avec quelqu'un qui peut reconduire le patient ensuite.

Catherine Rebière : Le patient rentre chez lui. Arrivé à son domicile, il doit se familiariser avec l'utilisation de son processeur : l'allumer et l'éteindre, le mettre en charge le soir, le mettre dans un déshumidificateur. Il y a plusieurs manipulations à faire au quotidien, qui ne sont pas toujours évidentes au départ. Ensuite, il faut que le patient s'habitue à réentendre, de façon un peu différente, tous les bruits de son quotidien. Ces premières expériences au domicile du patient sont très importantes. Le patient va entendre des bruits, ne va pas savoir d'où ils ne viennent ni à quoi ils correspondent, l'entourage joue un rôle primordial, il va mettre du sens sur ce que le patient entend. On appelle cela la redécouverte du monde sonore. On va vous exposer maintenant plus en détail comment se réalise le suivi post implant dans le centre de Grenoble.

Eléna Navon : Il y a un calendrier précis de rendez-vous, assez intensif la première année. À partir de l'activation appelée J0, le patient aura un rendez-vous J+2 semaines, J+1 mois, J+3 mois, puis tous les 3 mois jusqu'à 1 an, puis on espace de 6 mois jusqu'à 24 mois. À chaque venue du patient, il y aura un réglage et une consultation orthophonique. À J+3 mois, il y a également une consultation médicale et une audiométrie avec l'implant, également à J+1 an. La psychologue revoit les patients dès qu'ils en font la demande. Il est ensuite important de venir au moins une fois par an, pour s'assurer du bon fonctionnement des électrodes, pour refaire le point avec l'orthophoniste, refaire un réglage, car les seuils auditifs se modifient avec le temps. Même après 2 ans, ce n'est pas toujours stable. Certains patients souhaitent ne rien toucher, car cela va bien. On peut rajouter des options, lui proposer des configurations spécifiques par rapport aux demandes du patient : la musique, le bruit...

Catherine Rebière : Autour du patient, vont intervenir un grand nombre de professionnels en équipe pluridisciplinaire. Le chirurgien : il intervient au bilan pré implant et à la chirurgie, ensuite en général le patient ne le revoit pas. Le médecin ORL : il assure le suivi médical post-implant, qui consiste en la vérification de la bonne cicatrisation, le contrôle des troubles vestibulaires et des acouphènes éventuels, la réalisation des audiométries régulières de contrôle pour voir comment progresse l'audition avec l'implant, la surveillance de l'oreille qui n'est pas implantée, et aussi faire le lien avec le médecin de ville qui reçoit des comptes-rendus régulièrement. L'orthophoniste : sa place est essentielle, il intervient en binôme avec le régleur. La première année le patient implanté rencontre à chacun de ses rendez-vous l'orthophoniste du centre d'implantation qui lui fait passer des tests afin d'évaluer ses progrès et ses difficultés qu'elle communiquera au régleur. Elle s'assure du bon déroulement de la rééducation orthophonique libérale.

Eléna Navon : Je vais détailler le rôle du régleur dans l'équipe pluridisciplinaire. Le régleur est le référent du patient sur tous les aspects techniques du processeur et sur ses perceptions auditives avec l'implant, dans les différentes conditions de la vie quotidienne (pour ajuster au mieux le réglage). On va interroger le patient : y a-t-il de nouveaux sons entendus ? Des sons inconfortables ? À quel moment ? Le régleur a besoin de retours précis du patient sur ce qu'il entend. Le régleur va vérifier l'intégrité des électrodes, la bonne utilisation de l'implant cochléaire, il reprend les explications de manipulation de l'implant, il répond aux questions techniques sur la connectivité et les accessoires, il peut aussi renvoyer aux permanences des fabricants. Le régleur doit diagnostiquer s'il y a un dysfonctionnement et tenter d'y remédier. C'est aussi son rôle de proposer des options en expliquant au patient ce que son processeur peut lui offrir.

Dans l'équipe pluridisciplinaire, il y a aussi le psychologue : son rôle est de dépister les fragilités du patient et de l'accompagner dans sa démarche d'implantation, parfois aussi dans sa déception ou ses difficultés quotidiennes d'adaptation à l'implant. Un suivi est possible au CHU si nécessaire les premiers mois après l'implantation et le psychologue peut aussi réorienter vers l'extérieur si besoin. C'est aussi son rôle de dépister les troubles cognitifs et si besoin réorienter vers les professionnels adaptés (neurologue, neuropsychologue...). On est tous très en lien, on a une adresse mail de l'équipe si bien qu'on reçoit tous les mails de nos patients et un de nous traite ces mails.

Catherine Rebière : Il y a quatre fabricants d'implants et le professeur Schmerber pose les quatre marques à Grenoble. Chaque fabricant assure une permanence mensuelle, un technicien vient dans le service et passe la journée au CHU et reçoit les patients qui le souhaitent. Ces permanences sont très appréciées par les patients qui peuvent avoir des informations plus précises sur l'utilisation de leur processeur, les accessoires et la connectivité. Ils ont également un service après-vente, quand un processeur tombe en panne, ils ont une ligne téléphonique et ils s'engagent à renvoyer au patient un processeur de prêt dans les 48 heures. Le fabricant envoie un processeur de prêt au domicile du patient, le patient renvoie son processeur à réparer et le fabricant lui renvoie. Les fabricants assurent aussi des formations pour les régleurs. Les associations : CISIC et ARDDS que nos patients rencontrent régulièrement également. On engage les patients à aller vers une association. Enfin les professionnels libéraux : les orthophonistes libérales qui assurent la rééducation, les audioprothésistes qui suivent les patients et les kinésithérapeutes pour les troubles vestibulaires. Vous avez tout le panel des professionnels qui agissent autour du patient implanté.

Eléna Navon : Tous ces professionnels communiquent entre eux. Un point sur les réglages : ils ont lieu au CHU. On connecte le processeur à l'ordinateur via un câble, on enlève la prothèse controlatérale s'il y en a une. Donc pendant le réglage, le patient n'entend rien, on donne les consignes par écrit et on attend un retour du patient. Le réglage n'est pas quelque chose de passif, c'est un partenariat entre le régleur et le patient, en tous les cas avec des adultes. Le principe d'un réglage : on recherche une sensation auditive en augmentant progressivement la charge électrique, électrode par électrode, on balaye toutes les fréquences des graves aux aiguës, puisque chaque électrode code une plage fréquentielle spécifique. On détermine les seuils minimum et maximum de la stimulation électrique. Le seuil minimum, c'est le niveau de la détection, le niveau où on commence à entendre. On détermine aussi les seuils maximums : au-delà de la ligne rouge, c'est trop fort. Entre les deux, il y a la dynamique. Grâce à un logiciel de réglage, le régleur crée une carte sonore qui détermine pour chaque électrode, les seuils auditifs confortables pour le patient. Les seuils évoluent beaucoup d'un réglage à l'autre, surtout la première année. C'est pour cela qu'on fait des réglages rapprochés au départ. L'objectif est de faire évoluer la dynamique, c'est-à-dire élargir la zone entre seuils minimum et maximum, pour que l'entrée sonore soit de plus en plus importante. Si la dynamique est pincée, étroite, il y aura peu d'entrées auditives. Une fois que le réglage est fait, on met en live et on laisse le patient découvrir les perceptions auditives sans l'apport de la lecture labiale. On fait cela sur des séries automatiques (les jours, les mois, on compte, etc.) avec un petit temps d'imprégnation. Et on réajuste selon les retours du patient. Je fais toujours réécouter l'ancien programme au patient pour qu'il puisse faire la différence : plus clair ou moins clair ? Nous, on espère bien sûr que le travail que l'on vient de faire est mieux qu'avant. Selon les patients, on peut parfois laisser l'ancien réglage en roue de secours pour ne pas déstabiliser le patient, comme cela si la personne doit téléphoner par exemple tout de suite après le rendez-vous, elle est rassurée. Selon les marques, on peut inclure un nombre différent de programmes dans le processeur. Je peux en mettre trois de manière progressive par exemple : le réglage d'avant, un avec une progression un peu plus dynamique et un dernier encore plus dynamique. Cela permet d'adapter les programmes au patient. L'objectif est que lorsque le patient revient pour son nouveau réglage, il soit déjà sur le troisième programme progressif. On peut adapter les programmes aux situations spécifiques : environnement bruyant, musique... Selon les marques, les basculements se font tout seuls. On peut réduire le bruit du vent, jouer sur la directionnalité des micros... On va voir ce dont le patient a besoin : des réglages progressifs ou spécifiques. Avec les adultes, il y a nécessité de la participation active pour le réglage : cela n'est pas facile de se concentrer pour percevoir les sons, notamment les seuils minimaux, et cela prend parfois du temps de savoir quantifier et qualifier les perceptions auditives. Il faut vraiment accompagner le patient à ce niveau. On utilise une échelle de sensation auditive qui nous sert pour déterminer les seuils maximums. Nous, on veut que le patient entende confortablement, sans que ce soit trop fort. Il faut un certain temps pour s'habituer à un réglage, mais on a à cœur de ne pas laisser repartir un patient non satisfait de son réglage, c'est aussi à nous d'adapter le réglage au patient et à son rythme d'intégration.

Catherine Rebière : Pour terminer, je parlerai un peu de la rééducation orthophonique. Elle ne se passe pas au Centre d'implantation. Pourquoi une rééducation orthophonique ? La personne qui devient sourde possède la langue orale, elle a déjà vécu des expériences auditives, mais lorsqu'elle est implantée, tous ses repères vont changer : l'objectif est de l'aider à remettre du sens sur ses nouvelles sensations auditives. Combien de temps dure la rééducation ? Globalement, il faut compter une moyenne de 12 mois de rééducation après l'activation des électrodes. La rééducation est intensive les 6 premiers mois, c'est la période où se font les progrès les plus importants, elle peut durer jusque 2 ans ou 2 ans et demi après l'implantation. La rééducation est assurée en ville par des séances individuelles prises en charge par la sécurité sociale et les mutuelles. La prescription est faite par le médecin du centre et l'orthophoniste peut renouveler la prescription une fois. Quels sont les grands axes thérapeutiques sur lesquels on travaille ? En premier lieu, l'accompagnement de la personne et de son entourage est un rôle important de l'orthophoniste. Ensuite on permet au patient de développer ses perceptions sonores grâce à un entraînement auditif intensif. On travaille sur la détection, la discrimination et la reconnaissance de mots et de phrases. On travaille aussi les situations d'écoute difficile : l'écoute dans le bruit, l'écoute au téléphone avec des programmes spécifiques d'entraînement, la musique. Troisième axe, la rééducation auditivo-cognitive vise à stimuler les processus cognitifs impliqués dans le traitement du message oral, ce sont les processus comme la suppléance mentale, l'attention, la logique, la déduction, les différents types de mémoires (à court terme, mémoire de travail, mémoire à long terme). C'est beaucoup de travail, on essaie de rendre ces rééducations agréables. Il faut aussi renforcer la lecture labiale si nécessaire, notamment dans les situations bruyantes où l'implant ne fait pas mieux que les prothèses. On a besoin de l'investissement et de la motivation du patient, qui sont les moteurs de la prise en charge.

## Questions de la salle

*Bonjour, l'orthophoniste que j'ai consulté en préimplantation cochléaire me dit qu'il serait bien de faire des séances avant l'implantation, qu'en pensez-vous ?*

Catherine Rebière : Il nous arrive régulièrement de commencer la rééducation orthophonique avant l'implantation chez des patients qui n'ont pas une bonne lecture labiale.

*Vous avez parlé des professionnels libéraux : orthophonistes, kinésithérapeutes et audioprothésistes. Y a-t-il en ville des audioprothésistes qui font de la rééducation pour l'implant ?*

Catherine Rebière : Non.

*Comment se passe l'activation chez les enfants et chez le bébé ?*

Eléna Navon : C'est complètement un autre travail, on s'appuie sur des mesures faites au bloc, en regardant comment les électrodes réagissent à la stimulation. Cela nous donne des indications, une courbe et l'activation va être très progressive. Au début, c'est tout petit et on augmente la dynamique, mais en s'appuyant sur des données objectives, peropératoires parce qu'on ne peut pas avoir le feedback de l'enfant, avant un certain âge en tous cas. Et pour un enfant, il y a toujours le régleur et l'orthophoniste. L'orthophoniste est là pour jouer avec l'enfant et voir ses réactions. C'est un travail à deux.

*Première question : vous parlez d'orthophonistes, faut-il des orthophonistes spécialisés en surdité ? Deuxième question : la surdité isole, je vois l'importance de l'entourage, parfois il n'y a pas beaucoup d'entourage, est-ce qu'être peu entouré est rédhibitoire pour le processus de rééducation ?*

Catherine Rebière : Toutes les orthophonistes sont formées pour assurer ce genre de prise en charge. Toutefois il existe des formations postuniversitaires spécifiques qu'il est vivement conseillé de faire.

Eléna Navon : J'ajouterai que face à un orthophoniste qui dirait qu'il n'est pas formé ou se sent en difficulté, nous pouvons nous mettre en lien avec lui. Nous recommandons au patient d'avoir un orthophoniste proche du domicile, car il y aura deux séances par semaine. Nous pouvons lui donner des pistes de prise en charge et des documents.

Catherine Rebière : Concernant votre question sur l'isolement, ce n'est pas rédhibitoire, cela freine un peu la progression, mais des gens qui vivent seuls y arrivent très bien.

Eléna Navon : Par rapport à cette question, j'ajouterai qu'avec les nouvelles technologies, des personnes qui vivent seules et qui sont motivées, peuvent écouter des livres sonores en suivant ce qui est écrit, on en trouve beaucoup sur internet. Il y a aussi des exercices sur ordinateur qui peuvent être proposés au domicile.

*Dans les intervenants autour du patient, le numéro d'urgence est-ce que c'est le 114 ?*

Marie-Agnès Cathiard : Pour les malentendants c'est le 114. On vous répond avec un système adapté à vos besoins : par SMS, interface LSF, LPC, transcription écrite.

*Je voulais savoir combien il y a d'électrodes ?*

Catherine Rebière : Cela dépend des marques d'implant : 12, 24... Le nombre d'électrodes n'a pas d'incidence sur les résultats.

*Qui décide des gammes de fréquences affectées sur une électrode ? Est-ce que c'est vous qui choisissez ?*

Eléna Navon : Non, le choix ne dépend pas de nous, mais s'il y a un court-circuit sur une électrode, on va reporter la plage sur une autre électrode. On se base sur l'audiométrie, si une zone fréquentielle est moins stimulée, on peut agir à cet endroit-là. Il faut que le patient supporte que l'on remonte une zone. Souvent, lorsqu'on redonne des fréquences aiguës au patient, au début c'est insupportable. Il faut y aller progressivement.

*Est-ce qu'il vous est arrivé de devoir changer la stratégie de codage ?*

Eléna Navon : Oui, bien que ce ne soit pas recommandé par les fabricants. Si l'on a des difficultés, on peut changer, en concertation avec les fabricants.

*Je voudrais revenir sur la lecture labiale, car il me semble qu'il y a contradiction entre la lecture labiale et l'implant. Avant l'implantation, en lecture labiale j'étais à 70%, un an après l'implantation ma lecture labiale était tombée à 30%, cela a été considéré comme positif. J'ai compris que je n'avais plus besoin de lecture labiale, car l'implant prenait le relais. C'est peut-être une solution pendant un certain temps de poursuivre le travail sur la lecture labiale, mais à terme cela risque peut-être d'être en opposition avec l'implant.*

Catherine Rebière : Là aussi c'est une histoire de cas par cas. La lecture labiale c'est très bien de la travailler avant l'implantation. Après l'implantation, la rééducation est plus auditive, mais il ne faut pas négliger la lecture labiale, car dans le bruit, elle sera d'un grand secours. Une personne implantée aura toujours besoin de la lecture labiale. Pour certaines personnes, il faudra la renforcer.

Eléna Navon : Je pense aussi que vos 30% c'est du gain, vous avez une meilleure audition, donc le gain est moindre, mais cela ne dit pas que votre lecture labiale soit moins efficace.

## Témoignage
# Le choix de l'implant cochléaire

## *Jean Vouthier*

*CISIC Centre d'Information sur l'Implant Cochléaire*

J'ai 73 ans, je suis bénévole de l'association CISIC. Je vais vous raconter mon parcours d'implanté.

À l'origine, des otites à répétition durant toute l'adolescence, soit de 13-14 ans à 20-21 ans. À l'époque, donc 1960-66, j'ai été soigné par injection d'huile très chaude (un remède de cheval !).

À 21 ans, plus d'otite, audition tout à fait normale jusqu'en 1995, c'est-à-dire à l'âge de 49 ans. À partir de cette époque, les difficultés de compréhension commencent à se faire sentir dans le milieu professionnel, en réunions, dans les grandes salles, au téléphone, dans le milieu familial avec l'entourage, au cours des repas de famille notamment. Progressivement l'audition s'est détériorée.

En 1999, à 53 ans, première visite chez l'ORL, que je nommerai « A ». Conclusion : perte d'audition de plus de 60% à l'oreille droite, 20% à l'oreille gauche. Mise en place de la première prothèse auditive à l'oreille droite, puis un peu plus tard une deuxième prothèse auditive à l'oreille gauche pour assurer le bon équilibre. Il s'ensuit les renouvellements successifs de prothèses. En 2016, à 70 ans, suite au plafonnement de l'écoute avec la prothèse droite, et suite à mes sollicitations, mon audioprothésiste me signifie que j'ai atteint les limites de la technique prothèse. Sur ce constat, nouvelle visite chez l'ORL « A », qui m'a complètement déstabilisé, ce praticien me fait comprendre que c'est mon audioprothésiste qui veut me vendre du nouveau matériel.

Devant cette curieuse réponse à ma demande, je décide de consulter un nouvel ORL, en août 2016. Sans connaître quoi que ce soit sur le sujet de l'implant cochléaire, après une première consultation de près de ¾ d'heure, je suis sorti en toute confiance et convaincu sur le fait de la pose d'un implant. Je me suis dit : « de toute façon, tu n'as plus rien à perdre en matière d'audition ». Par conséquent, je n'ai pas spécialement consulté d'association ou autre à ce moment. Il s'ensuit les examens préliminaires, le temps de la réflexion, la consultation du professeur Schmerber (CHU Grenoble). En mars 2017, ma décision était prise. L'intervention aura lieu le 15 juin 2017, l'activation le 24 juillet 2017. L'intervention se passe très bien, sans maux de tête, ni vertige, ni acouphènes. En août 2017, commencent les séances de rééducation d'orthophonie, à raison de deux séances hebdomadaires jusqu'à ce jour, ainsi que des réglages successifs. Très belle progression jusqu'au printemps 2018. Lors d'un réglage intermédiaire au CHU et compte tenu de la bonne progression, j'ai fait la demande de tirer un peu plus le réglage vers le haut : ce fut une très mauvaise idée, car le cerveau n'a pas suivi la nouvelle adaptation. Il a fallu faire marche arrière pour restabiliser les choses. « Trop pressé », m'a dit mon orthophoniste. La rééducation et les réglages ont donc repris leur cours à leur rythme de croisière. À ce jour, j'en suis à 130 séances d'orthophonie sur 19 mois. Là, ça se termine ! Quant à mon oreille gauche, la prothèse actuelle plafonne, donc je consulterai en juin prochain mon médecin ORL, soit pour un renouvellement de prothèse soit pour un implant.

En conclusion, je suis très satisfait d'avoir fait le choix de l'implant, sans quoi je n'entendrais plus de l'oreille droite. Il faut toutefois bien être conscient que l'on ne retrouvera probablement pas 100% d'une écoute dite normale. L'implant, malgré sa haute technicité, reste une prothèse avec les petits désagréments qui l'accompagnent. Il faut aussi préciser qu'il existe de nombreux accessoires à l'implant qui facilitent beaucoup la vie au quotidien, notamment pour le téléphone, la télé, la piscine...

Il est des points sur lesquels je souhaitais insister, mais on en a déjà parlé précédemment. En dehors de l'implantation elle-même, pour une bonne coordination, il y a lieu de choisir de préférence un implant compatible avec la prothèse de l'autre oreille. Il y a aussi la part primordiale de la rééducation et des réglages conjoints par l'orthophoniste, ainsi que de l'importance de la musique, de l'entourage et des autres. À mon sens, il faut que les équipes médicales insistent fortement sur ce sujet qui est la clef d'une implantation réussie.

Il y a aussi une question beaucoup plus pratique, c'est la question de l'assurance en cas de détérioration accidentelle de l'implant qui peut se poser dès la sortie de l'hôpital : l'incidence financière peut être très préjudiciable pour le patient qui n'aurait pas fait les démarches en temps voulu. Le CISIC tient des permanences mensuelles au CHU.

## Questions de la salle

*Merci pour votre témoignage. Comment se sent-on avec un implant d'un côté et un appareillage de l'autre ? Moi je suis appareillée des deux côtés et quand j'ai une pile qui arrive au bout, j'ai l'impression d'être de travers. Comment fonctionne l'implant avec l'appareillage ? Vous dites que c'est important de vérifier la compatibilité entre l'implant et l'appareil. Qu'est-ce qui se passe quand on met un deuxième implant ? Comment ça se passe au niveau de la symétrie ou aussi bien de l'asymétrie, prenez-la par le bout que vous voulez.*

Jean Vouthier : Pour l'instant, le deuxième implant n'est pas à l'ordre du jour. En ce qui concerne la compatibilité de l'appareil, on s'est rendu compte au niveau des permanences CISIC qu'il y a des personnes qui ont eu des soucis, justement parce qu'elles n'avaient pas de compatibilité entre la prothèse et l'implant. Ce qui les a conduits à modifier leur prothèse.

*Merci pour le témoignage. Par rapport aux permanences, quelles sont les questions posées par les personnes ? Est-ce des questions techniques ou sur les rapports avec le médecin ou l'orthophoniste, ou bien une transmission d'expériences.*

Jean Vouthier : Essentiellement, il s'agit de transmission d'expérience, pour les candidats à la préimplantation. Mais on ne se substitue pas aux équipes médicales.

Eléna Navon (orthophoniste) : Je voulais juste revenir sur la compatibilité, pour éviter de mauvaise compréhension. On peut avoir un implant et entendre de l'autre côté avec n'importe quelle prothèse. La compatibilité intervient au niveau des accessoires pour la connectivité.

Michèle Feige (audioprothésiste) : Oui, quand l'audioprothésiste reçoit le patient implanté pour s'occuper de la prothèse controlatérale, il essaie d'équilibrer pour tenter au maximum de redonner un semblant de stéréophonie.

*Est-ce que vous pouvez donner quelques éléments de vos états d'âme ou de vos émotions pendant ces deux années ? Par quoi passe-t-on ?*

Jean Vouthier : Pendant les 6 premiers mois de la rééducation, la progression a été exponentielle. Après du fait qu'il a fallu réajuster le réglage, j'ai ressenti un côté frustrant. Il a fallu revenir à une juste base pour mieux repartir. Et au fil des mois, la progression se ralentit forcément.

# Témoignage
# Vivre avec un implant cochléaire

## *Savino Piccarreta*

*CISIC Centre d'Information sur l'Implant Cochléaire*

Je suis correspondant CISIC depuis 2006. J'ai 74 ans, implanté depuis 2004. Ma surdité a été progressive. Elle a été déclenchée au cours de mon service militaire par un bruit sonore. À 40 ans il m'a fallu être appareillé. L'appareillage a fonctionné une dizaine d'années. Puis je suis tombé dans le monde du silence en 1995. À cette époque, le domaine de l'implant était une chimère, c'était impensable. Personnellement j'ignorais totalement l'existence de l'implant cochléaire. Il m'a fallu attendre 2001 pour voir sur une revue médicale qu'à Grenoble il y avait un professeur qui pratiquait ce type d'implantation. Pour moi, cela a été la grosse surprise, la révélation et en même temps l'interrogation. Car aucun ORL – pourtant j'en avais vu beaucoup depuis l'âge de 22 ans –, aucun orthophoniste, aucun audioprothésiste ne m'avait parlé de cette éventualité. Donc pour moi, 2001, ça a été une découverte et une inquiétude parallèlement.

J'ai pris alors la décision de suivre le protocole et je suis venu au CHU de Grenoble pour vraiment savoir ce qu'était l'implant. À l'époque c'était vraiment un parcours du combattant pour pouvoir se faire implanter, car sur Grenoble il n'y avait que 5 implants par an, financés uniquement par le ministère de la Santé. C'était encore considéré comme expérimental. Il a fallu attendre 2009 pour qu'il y ait un protocole avec la sécurité sociale, pour que toute personne ayant besoin d'un implant puisse en bénéficier, ce qui est le cas aujourd'hui.

Pour en revenir à mon parcours à Grenoble, à l'époque, il y avait des tests psychologiques, orthophonistes, et aussi pour voir les capacités cérébrales, une sorte de QI avec des tas de questions. Il fallait que le cerveau soit en capacité d'être implanté. La décision de m'implanter avait été prise et il fallait attendre 18 mois à 2 ans pour être implanté. J'ai pris 2 ans pour prendre une décision. Mais j'ai été inquiet, car on m'avait dit que j'allais apprendre une nouvelle langue. Pour moi, le français, ça va. Mais apprendre une nouvelle langue... j'étais très sceptique. Alors je me suis efforcé de trouver des personnes implantées. Et j'ai réussi à trouver sur Grenoble deux personnes : une qui était très satisfaite, et l'autre pour laquelle ça n'avait pas marché et l'implant avait été enlevé. Alors elle s'est adressée à Montpellier, mais au vu de son dossier, les médecins ont refusé de la réimplanter. En s'adressant à Toulouse, on s'est rendu compte qu'elle avait des problèmes de malformation, mais elle a pu être réimplantée.

Trois mois seulement après ma visite à l'hôpital, je reçois un courrier du CHU me donnant rendez-vous pour voir un anesthésiste. Cela a été un choc, je n'étais pas du tout prêt et j'ai carrément annulé l'intervention. Mais entre-temps le chirurgien ayant été muté sur Marseille, il n'y avait plus personne qui implantait sur Grenoble. J'ai vu la personne qui avait été implantée sur Toulouse. Elle m'a donné toutes les coordonnées pour Montpellier et je me suis orienté sur Montpellier, où on a pris rapidement la décision de m'implanter. J'ai été implanté le 10 mars 2004 ; je devais être activé le 30 mars. Je vous le dis : cela faisait 10 ans que j'étais carrément aux abonnés absents, donc le téléphone ce n'était pas pour moi, c'était ma famille qui prenait tout en charge. Le 28 mars, coup de téléphone, on me dit que ce n'est pas possible de me brancher le 28 mars et que ce sera le 1er avril. Déception ! En moi-même je me suis dit que j'allais leur faire un 'poisson d'avril'. Lundi quand ils vont me brancher, je vais leur dire « je n'entends rien ».

Quand est venu le moment des réglages, quand la régleuse m'a demandé « vous entendez ? », au lieu de dire « non », il y a des larmes qui ont coulé, ça dit ce que ça apporte quand on peut entendre de nouveau. Et puis, il y a une anecdote, la voix de cette régleuse que j'ai entendue immédiatement après l'implant, c'est une voix que j'ai conservée en moi-même pendant plus d'un mois, c'est-à-dire toute personne, homme, femme, enfant, qui me parlait, j'entendais le timbre de la régleuse. À tel point que la fois suivante, je lui ai dit : « Mais qu'est-ce que vous avez fait, vous avez gravé votre timbre ». Après 10 ans dans le silence, j'avais une soif, vraiment une soif atroce de réentendre.

J'étais un grand militant associatif, donc j'étais très impliqué et finalement depuis 10 ans, j'avais tout abandonné. Alors je me suis mis à travailler, on m'a dit, aussi bien la régleuse que mon orthophoniste, « comme un abruti » ! Je faisais des séances de 3 ou 4 heures en continu par jour, de travail sur l'ordinateur. J'avais l'ambition de réentendre, de me réapproprier toutes les chansons ou musiques que je connaissais auparavant. J'ai fait des très grosses séances de travail, à tel point que je prenais mal à la tête. Je prenais des maux de tête incroyables. À Montpellier on m'avait surnommé le *'leader faction"* ! Progressivement, mais assez vite, puisqu'après 3 mois, j'ai commencé à téléphoner. J'ai eu une progression constante, ce qui fait qu'aujourd'hui, je téléphone sans aucun problème d'aucune sorte.

L'implant est un outil, mais il y a nécessité de se l'accaparer. C'est un outil, il faut qu'il y ait au bout de cet outil un bon manche qui permette de l'utiliser au maximum. Je pense que l'implant, ce n'est pas un son qui arrive, c'est un son à travailler, à perfectionner, c'est un effort personnel et même à certains moments, c'est fatigant. Il nous faudra toujours travailler beaucoup plus qu'une personne entendante pour pouvoir entendre dans de bonnes conditions. Le cerveau, c'est l'outil qui va permettre à l'implant d'avancer. Je dis moi-même que je le ressens.

À des moments on devient fainéant, et on laisse venir les sons comme ça. Et on oublie le travail qu'il faudrait continuer à faire pour progresser, parce que je pense qu'avec l'implant, on peut progresser en permanence. Il y a une progression qui peut être constante, mais c'est tellement facile de dire qu'on abandonne tout, à un moment on se dit « ce que j'entends, ça va ». Et ça me rappelle une anecdote que j'ai vécue à Montpellier. Les séances de réglage duraient sur 3 jours au tout début, et ça se travaillait à 5 ou 6 implantés à l'époque. Et après les séances de réglage, il y avait une sorte de *debriefing* à la fin où chaque implanté pouvait dire ses impressions, son ressenti, ses évolutions, ses difficultés. Je me souviens d'une personne qui disait, parce que je posais beaucoup de questions, cette personne disait « Oh, mais moi je ne suis pas comme M. Picaretta. Moi, ce que j'entends, ça me suffit ! ». C'est pour cela que je dis que l'implant, on n'en retire pas ce que l'on veut, mais ce que l'on peut. Et je pense qu'on peut arriver à en tirer beaucoup.

Je voudrais dire quelques mots sur la rééducation. Je pense que le travail de rééducation est une chose très importante, la sollicitation du cerveau est très importante. Je l'ai dit tout à l'heure à M. Schmerber. Ce que je pense personnellement, c'est qu'il y a besoin d'aller au-delà après le circuit normal de l'hôpital et de rééducation. Dans les années qui viennent, il y a besoin de faire peut-être des séminaires, pour que les personnes implantées travaillent quelques jours, une semaine, sur les accessoires, sur le téléphone, sur les réglages qui peuvent être faits plusieurs fois dans la journée, faire des essais. Je vois avec ma régleuse, ça fait 15 ans que je la connais, donc j'ai toujours travaillé avec elle, à part deux fois où elle était absente, je suis tombé sur un autre régleur, c'était une catastrophe, comme quoi il est important d'avoir toujours le même régleur ou la même régleuse pour travailler. Je pense qu'il y a une sorte de complicité qui se fait avec la régleuse qui permet d'avancer.

L'acte chirurgical est aujourd'hui banal. Mais l'effort devrait être porté, bien sûr par la sécurité sociale, sur la rééducation, car il y a encore beaucoup à apporter aux porteurs d'implants. Merci.

## Questions et remarques de la salle

*Michèle Feige (audioprothésiste) : Ce n'est pas une question, mais juste un témoignage, d'une espèce de 'dinosaure' du service ORL. Les premiers implants en 74 dont a parlé le professeur Schmerber étaient mono électrode avec le processeur qui était une valise. Les implants nouvelles générations, on les a commencés en 1992, c'est dommage que vous n'ayez pas été informé plus tôt. Effectivement on n'en avait que 3 par an, et c'était au titre des innovations technologiques.*

Savino Piccarreta : Quand ma décision d'implantation avait été prise, j'en ai parlé à mon médecin traitant, qui m'a dit d'attendre au minimum 5 ans. Et ça, c'était en 2004. Une fois que j'ai été implanté, quand je suis allé en consultation chez le généraliste – avant j'y allais avec ma femme, car j'étais vraiment aux abonnés absents – quand le médecin s'est mis à parler en regardant ma femme et quand je lui ai répondu du tac au tac, il a été pendant quelques secondes déstabilisé.

*Michèle Feige : Oui, tout à l'heure vous parliez de la charge émotionnelle des patients, mais je peux vous dire que la charge émotionnelle des régleuses est aussi très très importante. Je me souviens du premier implant qu'on a réglé, je pense qu'on avait tous les larmes aux yeux.*

# Partie 4

## Travailler
## en étant malentendant

# Témoignage
# Accueillir du public quand on est malentendant

## Christine Delcloy

*Malentendant38 section ARDDS*
*(Association de Réadaptation et Défense des Devenus-Sourds)*

J'ai été responsable de la librairie boutique du Musée des Beaux-Arts de Grenoble depuis l'ouverture en 1994 à janvier 2018, date à laquelle j'ai pris ma retraite. Petit historique : c'est la maladie de Ménière qui m'a rendue sourde, sourde ou malentendante. J'ai 68 ans, cela a débuté à environ 30 ans par une surdité brusque qui a été réparée par le petit traitement habituel. Les premiers vertiges, je les ai connus quand je suis arrivée à Grenoble en 1994 et on m'a diagnostiqué la maladie de Ménière. Au fil de ces crises, j'ai perdu complètement l'utilisation de l'oreille gauche. C'était il y a une vingtaine d'années. Mais avec une oreille je vivais très bien, sauf si on me susurrait des choses dans l'oreille gauche, c'était problématique, mais en général, pas de problème.

Ensuite, malheureusement la bonne oreille a diminué il y a environ une dizaine d'années, et on m'a mis une prothèse. J'ai porté une prothèse auditive et ça a récupéré, ça a très bien été, donc je continuais une vie normale. Au contraire, le fait d'avoir eu ce manque récupéré, c'était positif, ça allait bien. En fait ce qui s'est passé, c'est que j'ai eu une perte brutale auditive quelques années après, vraiment une perte très brutale, quasiment en une nuit, je me suis rendu compte que mon oreille se bouchait. Bien sûr je suis allée consulter. C'était vraiment très, très fort, cette baisse. De là ont commencé les premiers problèmes. Quand je parle des problèmes, ce sont les problèmes de compréhension et de là, tout ce qui touche au relationnel, la famille, les enfants, les amis, le travail... et puis soi-même, parce que je me sentais diminuée, je ne me sentais plus intègre, plus dans mon intégrité d'avant.

Pour ce qui me fait témoigner, c'est le rapport au travail. Au travail, il fallait faire face, déjà parce que j'étais responsable de cette librairie, et que j'étais toute seule. Je travaillais avec une collègue à mi-temps et la plupart du temps j'étais seule, il fallait assurer. Il n'était pas question de lâcher prise, pas question non plus de montrer ce handicap. Je me demande d'ailleurs encore maintenant comment j'ai tenu. Mais assez spontanément, puisque je ne pouvais pas dire que j'entendais mal, que j'étais sourde, il fallait que je trouve des petites stratégies pour assurer, pour continuer à assumer le travail. En plus, cela était vital pour moi, parce que c'était mon travail. Parce que je suis venue à Grenoble pour faire ce travail à l'ouverture du musée. Et aussi parce que matériellement, je suis seule, et il fallait que je continue à travailler. Je ne pouvais pas compter sur une aide extérieure.

Mais tout cela, ce ne sont pas des choses que j'ai intellectualisées. C'est venu au jour le jour, dans un vécu où il fallait tenir le coup, ne pas se dire... faut ci, faut ça... C'est comme si c'était quelque chose qui s'imposait. Je trouvais des petites stratégies face aux clients, j'avais beaucoup recours à l'écrit. Je disais : « J'ai du travail, je ne peux pas vous répondre, mais envoyez-moi un mail, je vous répondrai ». L'écrit m'a beaucoup dépanné. Mon métier c'est libraire, donc les livres je connais. Et la librairie du Musée je connaissais très bien aussi, tout cela me donnait quand même un socle, un dictionnaire intérieur de connaissances, et je pouvais anticiper les questions et répondre. Je me suis aussi beaucoup servi de la lecture labiale assez spontanément. D'ailleurs, après l'implantation, je me suis rendu compte que je l'avais laissé tomber, car j'entendais mieux avec l'implant. Je ne regardais plus la bouche ; je regardais les yeux. Petit aparté.

Donc j'essayais de trouver des stratégies, je me suis rendu compte aussi d'une chose, c'est que je n'étais jamais passive, c'est-à-dire que dans le rapport avec l'extérieur, avec le relationnel des clients, que j'aimais beaucoup – donc ça m'aurait frustrée de mal le vivre – j'ai été active. C'est-à-dire que jamais je ne me suis mise en retrait. Je me suis rendu compte aussi, en voyant autour de moi des gens qui sont malentendants, qu'on a tendance à parler beaucoup pour occuper le terrain, et quelque part c'est un peu comme si on maitrisait. Alors que si c'est l'autre en face qui vous balance des demandes... Quelque part, cela m'aidait. Mais toujours sans intellectualiser. En disant, faut faire ci, faut faire ça, ça devenait, comment dirai-je, pas un sauvetage... comment dire... comme... quelque chose qui pouvait m'aider spontanément. Je ne trouve pas le mot exact.

Cela ne marchait pas tout le temps. Il m'est arrivé d'avoir des clients effectivement qui étaient insatisfaits, car j'avais mal compris ou je ne répondais pas à leur demande. Quelquefois, ça m'arrivait... et ce qui m'arrivait aussi parfois, c'est de me trouver dans des situations où c'était un vrai dialogue de sourds ! C'est le cas de le dire ! C'est-à-dire qu'on ne se comprenait pas, et je voyais les gens partir avec une grosse interrogation en se disant « Elle est sourde ? Elle n'a pas compris, entendu ? » ou alors « Elle est un peu... un peu bizarre ». Cela m'est quand même arrivé, je dirais, très très peu. En tout cas, je n'ai jamais eu de retours négatifs.

Ce qui était difficile aussi, c'est le téléphone. C'était l'angoisse, carrément, parce que ce n'était pas un téléphone adapté, c'était un téléphone lambda. Je serai incapable de vous donner une marque de toute façon ! C'était angoissant, car je n'entendais pas bien. Alors je disais, est-ce que vous pouvez envoyer un mail ? Ou j'y arrivais quand même. Ou parfois, je disais « excusez-moi, je vous ai mal compris ». Ou des petits mensonges : « c'est le téléphone qui fonctionne mal... » Mais il n'y a jamais eu de *clash*. Je m'interroge un petit peu là-dessus, mais tant mieux. Je travaillais seule, mais j'avais quand même cette collègue sur qui je pouvais me reposer un petit peu quand elle venait, car la librairie du Musée était ouverte tout le temps, sauf le mardi. Donc elle travaillait avec moi un jour et demi par semaine et un week-end sur deux. Là, j'arrivais à lui dire parfois, « écoute, j'ai reçu ce coup de fil, je n'ai pas compris, est-ce que tu peux voir ? ». C'était une petite bouffée d'oxygène. Je ne sais pas combien de temps ça aurait pu durer. Pendant tout ce temps, j'avais la prothèse sur l'oreille droite, mais au fil du temps, l'audition avait baissé, donc la prothèse n'était plus suffisamment performante pour la compréhension.

Il y a environ 5-6 ans, j'étais suivie par un médecin ORL qui m'a adressée au CHU. J'ai eu tous les examens et on m'a proposé l'implant une première fois et comme la personne qui est intervenue ce matin, je ne l'ai pas fait, car pour moi c'était proposé d'une façon un petit peu abrupte, et je n'avais jamais entendu parler d'implant. Je ne savais pas comment ça marchait. Je suis étonnée d'ailleurs, car ayant souvent consulté des médecins ORL, effectivement on ne m'en avait jamais parlé. Et ça, c'était il y a quelques années, donc ce n'est pas si ancien que cela. L'opération m'a fait peur, franchement j'ai eu la trouille, parce que c'est dans la tête. Et puis quelque temps après, j'ai eu des échos de personnes qui avaient eu un implant et qui avaient eu des vertiges après l'implantation, et aussi une personne qui avait eu une paralysie faciale. Cela m'a conforté dans l'idée de tempérer, mais c'était quand même un peu rentré.

La maladie de Ménière, ce sont des vertiges, et je dois dire que dans tout ce parcours, ce sont des vertiges dont j'ai le plus souffert, plus que de la surdité. On ne peut plus rien faire, car la surdité ça handicape, mais les vertiges tels que je les ai connus, c'est vraiment une invalidité, c'est horrible, on ne peut rien faire, on est presque mort...

J'ai continué mon petit parcours et toujours avec la prothèse de plus en plus insatisfaisante. Voici ce qui s'est passé : il y a 3 ans et demi j'ai eu une grosse crise de vertiges, mais qui ne ressemblait pas du tout à ce qu'on connaît des vertiges de Ménières, qui sont des vertiges rotatifs. C'est toute autre chose, comme la sensation de ne plus avoir de centre. J'étais mal, couchée, assise, debout et je suis tombée, je suis tombée sans perdre la tête, mais je suis tombée. Là, ça a été très angoissant, je n'osais plus sortir, avec une perte d'équilibre sérieuse. Retour à l'hôpital. Et M. Schmerber m'a reproposé l'implant et en même temps il m'a proposé de me faire une petite opération pour les vertiges. Cela s'appelle le déblocage du sac endolymphatique. J'ai accepté parce que j'étais vraiment en détresse, vraiment. Et d'ailleurs, le ressenti que j'ai eu de la consultation avec M. Schmerber, autant la première fois c'était assez désincarné, c'est-à-dire c'était technique, il m'a montré la valise avec plein de petits appareils de toutes les couleurs... La question la plus bête que j'ai posée, c'est « Est-ce que ça va se voir ? », il m'a répondu qu'avec mes cheveux ça ne se verrait pas, mais avec le recul, je trouve ça un peu idiot de ma part. Mais la deuxième fois, en fait, en me proposant l'implant, le ressenti que j'ai eu était complètement différent, et une petite chose qui m'a beaucoup touchée, c'est qu'il m'a dit « Faites-moi confiance ». C'est parti comme cela. J'ai été implantée début février 2016 et activée 3 semaines après. Je n'ai plus de souvenirs très précis. L'opération s'est bien passée, pas de souci.

Quand j'ai été activée, la première sensation que j'ai eue, j'étais avec ma fille, on est rentré en voiture, elle avait mis un CD et je lui ai dit « tu vois, Lily, j'entends la musique ». C'est ma première impression.

J'ai repris le travail tout de suite. On m'avait dit, fais attention, parce que c'est fatigant. Mais déjà j'étais reposée, trois semaines d'arrêt m'ont suffi. Et en fait je me disais que ça me stimulerait et effectivement c'est ce qui s'est passé. J'ai repris le travail, c'était joyeux, franchement parce que je retrouvais ma place, le travail que j'adore, le musée que j'adore, mes collègues. Et d'ailleurs pour les gens extérieurs, si pour moi l'implant c'était quelque chose d'inconnu avant, pour les autres, c'est pareil, donc le fait de leur montrer comment marche l'implant, c'était étonnant pour les autres aussi. Et donc j'ai repris ma place et je n'ai pas de souvenir de difficultés, j'ai beau chercher, c'est-à-dire que je suis passée de la prothèse qui marchait bien puis quelques années après la prothèse qui ne suffisait plus, à l'implant qui d'un seul coup ramenait la vie sociale. En fait et franchement, le mot qui me vient c'était 'hyperpositivité', enfin voilà... Parce qu'en fait, quand on est hors du champ social, ce qui nous manque, ce sont tous les petits gestes habituels : arriver le matin, prendre des nouvelles des collègues, prendre le café ensemble... J'ai retrouvé ça et c'était sécurisant.

J'ai commencé avec Catherine Rebière des séances d'orthophonie, deux fois par semaine, très intensivement, et tout de suite, elle m'a conseillé des sites internet pour travailler. Je pense à M. Savino, qui disait qu'il avait travaillé des heures, intensivement. Moi tous les jours je faisais au moins une heure, après le boulot, de travail sur ces sites. Et autant dans la journée, je ne percevais pas la différence, franchement, entre ma compréhension et la bonne compréhension, car évidemment ce n'était pas parfait, je faisais répéter et tout ça... mais quand j'étais sur les sites et que je travaillais, en fait là je voyais la différence. Je me disais, il y a du boulot à faire. Petit à petit c'est venu. Et d'ailleurs, une chose que j'ai remarqué, c'est que, en y réfléchissant pour préparer ce témoignage, quand je n'entendais pas, j'étais dans cette situation de faiblesse, avant l'implant je n'osais pas dire que j'étais sourde, que j'étais malentendante, je n'osais pas le dire quelque part, mais maintenant que j'ai l'implant, ça m'est beaucoup plus facile de le dire parce que je pense que l'implant le matérialise, quelque part. Parce que quand on n'entend pas, on est en état de faiblesse, mais l'autre en face ne perçoit pas notre degré de malentendance, alors que quand on le montre, je dirais que oui, ça matérialise et quelque part, ça nous met à égalité. Moi je ressens ça comme ça. Et peut-être aussi parce que le fait d'avoir sauté le pas, pour arranger la déficience, le fait de s'être fait opérer, d'avoir fait la démarche de l'implant et tout cela, c'est une démarche positive. Je le vis comme cela...

Je me retrouve dans beaucoup de choses qui ont été dites ce matin. C'était vraiment très émotionnel. Quelqu'un a employé le mot ce matin, c'est vrai, c'est une aventure. C'est plein d'émotions. C'est vrai que c'est aussi beaucoup chargé de ce qu'on y met. Je voyais par exemple que mes enfants étaient malheureux, quand on était à table, de me sentir à côté de la plaque, quand tout le monde riait de rire bêtement, sans avoir compris, c'était aussi une réaction. Encore une fois, quand j'ai fait cela, j'étais vraiment mal. Je ne sais pas ce que je pourrais dire de plus.

Pendant tout ce parcours de prise en charge, j'ai aussi découvert des choses, c'est que l'hôpital, qu'on voit souvent comme quelque chose d'un peu sec, combien ça pouvait être humanisé. Tous les gens que j'ai côtoyés, depuis mon oto-rhino qui m'a bien adressée au bon service, il y avait toujours beaucoup de bienveillance. Je me suis reposée là-dessus. Ce qui m'a fait perdre du temps, c'était l'angoisse, la trouille que j'avais de retrouver des vertiges. Je n'aurais pas pu continuer à travailler si je n'avais pas eu l'implant cochléaire. En tous les cas, j'en profite pour dire un grand merci à tous les gens qui sont autour et qui nous aident.

## Question de la salle

*Bonjour, vous avez évoqué les stratégies que vous aviez mises en place pour vous adapter dans le cadre de votre emploi. Du coup je voulais savoir : est-ce qu'on vous a parlé de la Reconnaissance du statut de travailleur handicapé (RQTH) ? Est-ce que c'est une démarche que vous aviez engagée ?*

Christine Delcloy : Non, de ça, j'en ai entendu parler après coup. Je pense que moi-même, au début, j'étais dans le déni de me reconnaître travailleur handicapé. En plus la librairie du Musée de Grenoble est gérée par la réunion des musées nationaux à Paris. La chose aurait sans doute été différente si j'avais été à Paris, mais là, j'étais plus loin, sans doute j'ai été aidée à pouvoir vivre ça, entre guillemets 'vivre', parce que j'étais loin et que... il y a une personne qui s'est aperçue justement que j'entendais moins bien, qui me l'a dit, mais ça n'a jamais été catastrophique et encore maintenant je me demande comment ça a été possible. Mais ça, j'en ai entendu parler après. Et d'ailleurs tout à l'heure, j'ai oublié de parler de quelque chose qui a été super important pour moi, c'est le téléphone. Au début où j'ai été implantée j'ai dit à mes collègues de Paris que j'avais été opérée de l'oreille, c'était une première façon de... j'avais toujours l'angoisse de comment ça allait se passer au téléphone et je leur ai dit de m'envoyer des mails. Je travaillais dans une certaine autonomie. Ce qui fait que cela a pu fonctionner comme cela. Et jamais personne ne s'est plaint. Au bout d'un mois de pratique d'orthophonie, on a essayé le téléphone et cela a marché ! J'avais les larmes aux yeux, car c'était là, mon angoisse. Et après il n'y a plus eu de problème. Et d'ailleurs je n'ai pratiquement jamais utilisé tout le matériel qui va avec l'implant. Ça va bien, je sais bien que ce n'est pas une vraie bonne oreille d'entendant que j'ai, mais ça m'est égal. Ce que j'ai me suffit amplement, me permet de vivre.

# Informer et former les collègues

## Michel Roussy

*Interface de communication, URAPEDA Rhône Alpes*

J'ai travaillé pendant 20 ans à l'Urapéda Rhône-Alpes. L'U.R.A.P.E.D.A. est l'Union Régionale des Associations de Parents d'Enfants Déficients Auditifs. Cette structure associative a pour mission l'accompagnement, dans (et vers) l'emploi, des personnes sourdes et des personnes malentendantes.

« Accompagner une personne malentendante au travail » semble simple, carré. C'est trompeur ; une formulation telle que « accompagner au travail une personne en train de perdre l'audition » montre mieux les interactions qui ne vont pas manquer d'être en jeu. Je ne ferai qu'effleurer l'aménagement du poste de travail ou le maintien dans l'emploi, car le sujet est trop vaste. Je vais centrer mon intervention sur « l'entourage au travail quand on perd l'audition » qui valide le titre de la programmation : informer et former les collègues.

Je vais tout d'abord vous présenter le cadre d'une situation établie, puis celui d'une situation dégradée et enfin la survenue de la déficience auditive, pour conclure en vous expliquant pourquoi j'ai choisi de traiter la survenue en dernier.

### La situation établie

Quelqu'un téléphone à l'interface de communication que je suis (ou passe vous voir au bureau) pour vous faire part de petits soucis ou de souffrances que je qualifierais de « bien ordinaires », toujours les mêmes. Côté « chef » : la difficulté pour la personne de suivre les consignes, la mise à l'écart du groupe. Côté « bénéficiaire » : l'absence d'effort des collègues, l'ambiance bruyante (où les prothèses n'apportent rien, bien au contraire), la fatigue, la douleur, la mise à l'écart du groupe. On remarque que la mise à l'écart du groupe est avancée par les 2 partis. J'ai aussi remarqué que la baisse de productivité au travail est rarement mise en avant. On me rapporte des plaintes concernant des erreurs, mais peu de problèmes de productivité. Donc des petits soucis qu'il va falloir poser sur la table et expliciter pour progresser. La finalité en sera une information, réalisée auprès des collègues (et de la hiérarchie) afin de sensibiliser sur les difficultés rencontrées par un malentendant.

La personne concernée doit accepter la démarche et il est souhaitable qu'elle soit présente. Quand on arrive à créer un climat de confiance, la sensibilisation est réussie. Elle va donner du sens à certains a priori qui ont pu apparaître à l'encontre du salarié, et si chacun arrive à exprimer son ressenti, les a priori seront relativisés, voire effacés. L'apport technique doit être au service de l'amélioration de la relation. Ce temps d'information est nécessaire, car il est difficile pour une personne malentendante de mettre des mots sur des choses qu'elle vit au quotidien. Et il est aussi tout aussi difficile pour un entendant d'imaginer que si la personne répond de travers, c'est parce qu'elle ne perçoit pas, mécaniquement, le message correctement.

Cette information provoque une prise de conscience des mécanismes de la malentendance et est complétée par la mise en place de moyens de compensation de la perte auditive en vue d'améliorer la qualité des échanges, à l'écrit (ardoise magique, compte-rendu papier, prise de notes ...), mais aussi à l'oral avec une invitation à s'approprier les outils d'une meilleure communication avec une personne sourde :

- Tout d'abord, « poser sa caisse à outils », c'est-à-dire, se placer en face de la personne et éviter de trop bouger.
- Parler tranquillement, en séparant bien les mots et sans avoir peur d'exprimer ses sentiments sur son visage.
- S'il faut quelquefois parler un peu plus fort, il ne faut pas pour autant crier, car cela déformera vos lèvres, votre visage.
- Avant de commencer une phrase, il faut signaler que l'on va prendre la parole. Le message est reconstitué à partir d'éléments auditifs complétés par la lecture labiale. Il faut « voir » les lèvres dès le début de la phrase.
- Il faut éviter les endroits bruyants pour discuter avec les prothèses. Il faut être attentif aux contre-jours.
- Enfin, il ne faut pas hésiter à faire reformuler les choses importantes (voire utiliser l'écrit pour les noms propres et les chiffres).

C'est ce que j'appelle : avoir une communication professionnelle.

Le plus difficile pour la personne malentendante est de devoir répéter indéfiniment « pardon, je n'ai pas compris ». Car même si nous, entendants, sommes capables de faire un effort un moment, cela ne dure jamais très longtemps ... « chassez le naturel et il revient au galop ». Mes collègues de l'ARDDS 38 sont là pour me le rappeler (et je les en remercie).

La mise à l'écart de l'équipe est plus délicate à gérer. Le temps de pause n'entre pas directement dans le cadre de la « communication professionnelle » et chacun a le droit de se relâcher. Ces échanges, certes entre collègues, sont aussi une histoire d'affinité. Une personne malentendante en souffrance ira plus facilement vers le groupe « râleur » prêt à l'écouter ou à le plaindre, tandis qu'un salarié « bien dans ses baskets » se tournera plus facilement vers un groupe « moteur » dans l'entreprise. Il est donc important que quelques éléments de ce groupe « moteur » fassent l'effort de s'approprier les outils d'une meilleure communication avec une personne malentendante. Le travail de sensibilisation de ce groupe ne doit pas être négligé.

De temps en temps il est nécessaire de proposer un aménagement de l'organisation du poste de travail :

- C'est généralement, une problématique autour du téléphone. Si l'adaptation du matériel peut améliorer la situation, il est impératif de remettre en question l'organisation interne... Qui prend l'appel ? Voire mieux, qui prend le relais en cas de difficulté ?

- On peut être amené à doubler les signaux sonores par des alarmes visuelles (bip de caisses par exemple).

- La position du bureau doit permettre à la personne malentendante de voir l'entrée dans la pièce.

Le traitement du bruit fera lui aussi partie d'une étude séparée.

On peut donc résumer le traitement d'une situation établie par une information des collègues afin d'améliorer la communication avec une « piqûre de rappel » tous les 3 ans pour faire face à l'évolution des effectifs et des outils.

Ce travail doit être réalisé par un professionnel, car il est :

- complet (et quelquefois complexe, voir plus loin) ;

- délicat à mener (souffrance au travail) ;

- à réaliser face à des entendants qu'il faut oser affronter (ce qui n'est pas toujours évident quand on est malentendant).

## La situation dégradée

Dans les entreprises, on réalise des plans de prévention des risques, mais rarement des plans d'accompagnement d'un salarié, si vous me permettez l'expression, « en perdition ». Que ce soit le chef, le salarié, le médecin du travail, l'assistante sociale ou l'infirmière qui vous appelle, quand il y a « demande » c'est que quelque chose ne se passe pas comme on le souhaiterait. Trop souvent la demande s'apparente plus à un appel au secours qu'à un appel à l'aide. Perdre ses facultés en pleine force de l'âge est tellement douloureux. Quand l'appel est vraiment trop tardif, l'intervention peut se transformer en une analyse de ce qui est « sauvable ». C'est déprimant pour le professionnel de constater tout ce qui « aurait » pu être fait... avant.

Pour réussir ce travail, il faut réaliser un audit assez poussé de la situation de travail pour ne pas passer à côté de l'essentiel :

– La personne bien sûr avec ses acceptations et ses dénis.

– L'adaptation de l'appareillage à la déficience du moment.

– Les adaptations faites (et à faire) du poste de travail.

– Les moyens financiers de la personne, mais aussi de l'entreprise.

– La qualité des relations avec le premier niveau de la hiérarchie.

– Les relations avec l'équipe proche (collègues directs). Et plus globalement avec l'ensemble du service.

– Il n'est pas rare que la vie personnelle soit aussi bouleversée.

– Et enfin, il ne faut pas oublier de mesurer la position de la direction de l'entreprise par rapport à la loi de 1985, concernant l'obligation d'emploi des personnes en situation de handicap.

Tout au long de la démarche, il faut être attentif à deviner si d'autres personnes, dans l'entourage du salarié, ne sont pas concernées par un proche en situation de handicap (enfant, fratrie, voisin) avec son impact positif ou négatif dans la relation avec le personnel concerné.

Lorsque la déficience est à peu près acceptée par le salarié, il est nécessaire de sensibiliser les collègues et la hiérarchie sur les difficultés rencontrées par un malentendant. Il est difficile pour un entendant d'imaginer que la personne répond de travers tout simplement parce que le message ne lui parvient pas clairement. Il y a des situations conflictuelles où l'intervention de deux intervenants est nécessaire (voire trois avec l'interprète).

Je passe rapidement sur les jugements expéditifs du type « lunatique » ou « de toute façon il.elle ne comprend rien » qui peuplent le quotidien de l'entourage d'une personne malentendante au travail.

À ce propos, tout professionnel de la surdité que j'étais, je me suis fait piéger par mon facteur. Cette personne était de temps en temps charmante et de temps en temps hermétique à mon bonjour..., lunatique quoi ! Je vous laisse deviner ma surprise le jour où j'ai entrevu un petit bout de plastique au fond de son oreille. Je me serais donné des baffes.

Que la personne soit sourde signante ou simplement malentendante appareillée, la prise de conscience de l'entourage est sensiblement la même. Les retours positifs et les témoignages de changements sont nombreux. Il suffit d'expliquer des évidences (qui sont toutefois difficiles à deviner) pour que la situation s'améliore.

Dans une situation dégradée, il faudra souvent montrer l'apport qu'aura une adaptation de poste (ou de tout autre projet) porté par le chef et par le salarié. Très souvent, les éléments matériels sont occultés par le fait du rapport de force qui s'installe entre les personnes. Nous ne sommes plus dans le factuel, mais dans le jugement de valeur.

Le traitement d'une situation dégradée va donc demander une analyse poussée, préalable à toute intervention, sous peine de passer à côté de l'essentiel et faire plus de mal que de bien. Quelquefois la souffrance est tellement grande que l'information et la mise en mouvement des collègues ne suffisent pas. On entre alors dans une phase de maintien dans l'emploi. De nombreux éléments entrent en interaction : évolution de la surdité (ou de l'état de santé général), problématiques financières, de couple, poste inadapté aux nouvelles caractéristiques de la surdité sans oublier les changements de chef ou de stratégie ou l'évolution naturelle des situations de travail.

Très souvent la personne malentendante est la seule à être confrontée à la problématique « défaillance auditive ». Il est alors important de provoquer des rencontres avec d'autres personnes malentendantes pour que la personne nouvellement concernée par cette problématique puisse avoir des points de comparaison et prendre conscience de « ses » propres possibles.

La plus belle surprise que je puisse vous raconter est celle rencontrée en étudiant la situation d'une dame chargée de l'accueil téléphonique et physique dans un centre de formation. Cette personne est équipée de vieilles prothèses qui ne sont plus très adaptées à sa « nouvelle » (euphémisme) audition et elle accepte de rencontrer sa directrice « bienveillante » pour exposer la problématique : tenue du standard téléphonique depuis l'évolution de sa surdité. Nous sommes tous les trois dans le bureau et cette dame commence à parler de sa déficience. La directrice dit alors tout sourire : « je comprends vos difficultés ». Elle passe la main dans ses cheveux et après quelques secondes d'attente pose 2 prothèses auditives sur la table. Malentendante dès le plus jeune âge, cette directrice savait rester discrète (grâce à une coupe de cheveux mi-longs) sans toutefois faire mystère de sa déficience.

Dans une situation dégradée, l'information des collègues pourra se faire comme précédemment ou en deux temps ou... pas du tout. Cela dépendra de l'avis de la personne en souffrance et de l'analyse de la situation de travail.

Dans le cas de la secrétaire, il n'y a pas eu d'information auprès de tous les stagiaires, mais une petite réunion à trois (directrice plus une autre salariée pour mieux se répartir le travail). Cette secrétaire devait d'abord accepter de « lâcher » un certain nombre de choses, y compris dans ses loisirs (elle était professeure de danse acrobatique à ces heures perdues). Sa difficulté à lâcher son activité « loisirs » interférait avec sa remise en cause professionnelle.

Les personnes travaillant en vidéoconférence ou à l'international avec l'anglais sont confrontées à ce même déchirement.

## La survenue de la déficience auditive

La souffrance est réelle. Si la prothèse permet de faire des choses, elle ne permet pas tout. Il faudra du temps pour faire le deuil de toutes ces choses devenues difficiles ou inaccessibles, et ce temps de deuil est IMCOMPRESSIBLE. Il faut de toute façon un temps d'adaptation ou de rééducation avec des prothèses. C'est une période de grand flou et c'est « normal ». Quand la personne qui subit une perte auditive est bien entourée, cette période de doute peut-être assez courte.

Pour exemple, j'ai reçu un jour d'août, une jeune femme qui venait juste de réussir son diplôme de professeur d'éducation physique et qui, dans le mois suivant, avait perdu plus de 40 dB d'audition (suite à une plongée). Elle ne pouvait plus enseigner et ne savait pas trop quoi envisager. Je l'ai rencontrée plusieurs fois et juste écoutée (même démarche qu'avec une personne en deuil). Elle était ébranlée, mais pas perdue, elle m'a fait part de ses questionnements et de ses ouvertures. Je lui ai donné des outils pour qu'elle puisse expliquer à son entourage comment bien communiquer avec elle. Sportive, faisant partie d'un « *team* », au milieu de l'automne, l'un des responsables lui a proposé de faire du secrétariat pour eux. À partir de décembre, je ne l'ai plus vue. Elle m'a juste fait savoir qu'elle était en formation et que son nouveau travail se passait bien. J'en ai eu la confirmation lors de la « coupe Icare » suivante, en septembre lors de la démonstration de sept parapentistes acrobatiques qui une fois sur « l'attéro » se sont approchés d'un membre de l'équipe, lui ont touché l'épaule pour la faire se retourner avant de débuter un échange accompagné d'une gestuelle précisant les étapes du vol qu'ils venaient de faire.

Magique, je n'avais pas rencontré ces personnes-là, mais tout était intégré. Le travail d'accompagnant ne consiste pas à redonner « ses oreilles » à la personne, mais bien de remettre en confiance la personne. Souvent un sentiment de culpabilité envahit la personne. Combien de fois ai-je entendu « Mais c'est de ma faute, je n'ai pas compris ce que l'on m'a dit ». J'ai passé beaucoup de temps à essayer de convaincre les malentendants que ce n'était pas de leur faute, que les autres devaient faire un effort, que la communication se fait à deux. Rien ne remplace les oreilles d'origine. Il faut que la personne se batte avec elle-même, certes, mais ce n'est possible que dans un milieu favorable, compréhensif. Il n'est pas très compliqué de s'arrêter quelques secondes pour parler travail en face de son interlocuteur.

Quand il y a plusieurs personnes, c'est un peu moins naturel. Il faut se rappeler qu'une personne malentendante est dans le groupe et qu'elle écoute même si elle n'est pas directement concernée par l'échange. Rappelons-nous : « un travail bien commandé (expliqué) est un travail à moitié fait ».

L'anecdote que j'ai à raconter ici est plus triste puisque l'incident s'est soldé par une mise à la porte. Dans une petite entreprise, l'ensemble de l'équipe part le lendemain sur un chantier sauf la personne malentendante qui n'y a pas sa place (problème de sécurité). Elle n'a pas à travailler seule donc viendra tranquillement à l'atelier non pas à 9h00, mais à 7h00 pour ouvrir à un camion pour une livraison très importante. Le message reçu a été : « tu viendras tranquillement ... à 9h00 pour ouvrir à un camion de livraison ». Le livreur est bien passé à 7h00, mais sans le salarié « sourd » arrivé tranquillement ... La livraison n'a pas été faite. Le travail suivant n'a pu se faire à temps, il y a eu plainte du client .... et fin de contrat !

Il y a des fois où une personne sourde signante est plus « chanceuse », car il est évident que le patron, à défaut de connaître la Langue des Signes, aurait trouvé un papier et un crayon pour passer la consigne.

### Pourquoi ai-je traité « la survenue » en dernier ?

Si j'ai souhaité terminer cet exposé par « la survenance », c'est parce que c'est quand la malentendance apparaît que l'on peut soi-même ouvrir des pièges.

L'audition va diminuer de façon progressive, par paliers. Au début, souvent l'appareillage n'est pas la solution. La personne s'adapte, compense. Au palier suivant, la personne ne perçoit plus l'importance de se remettre en question : « J'ai l'habitude, ce n'est pas grave, c'est normal il faut se battre, je ne le dis pas aux autres, je n'ai pas besoin d'être appareillé... ». Cette période de déni peut durer. C'est une erreur, car la personne avec qui vous échangez, juge la qualité de votre réponse et si vous répondez à côté, cela ne sert pas votre image.

Un autre aspect du déni consiste à ressentir un sentiment de honte ou de culpabilité à être/devenir malentendant. Ne devrait-on pas dire : mal-comprenant ?

Je ne m'étendrai pas sur le déni qui conduit à refuser de se tourner vers l'administration pour demander un dossier et bénéficier de la reconnaissance R.Q.T.H., pas plus que sur le déni qui conduit à ne pas consulter un ORL ou à ne pas porter son appareillage.

Il faut ajouter que, sans en être friande, une entreprise peut avoir des intérêts à compter dans son effectif quelques salariés en situation de handicap. Conserver un salarié expérimenté peut-être financièrement très intéressant pour l'entreprise, sans parler de l'image positive de la démarche (les professionnels de l'insertion parlent souvent de « taxe » Agéfiph et non de « contribution » pour montrer le côté volontaire de la démarche).

Perdre l'audition en pleine force de l'âge est douloureux. Il n'est pas nécessaire d'ajouter des coups de bâton au coup du sort. Quand survient la surdité, il me semble nécessaire d'être accompagné, c'est-à-dire de rencontrer une personne qui saura vous faire faire un bout de chemin. Un soutien devrait être systématique, mais comment le proposer quand la personne est en situation de déni ; la personne perdant l'audition l'acceptera-t-elle alors qu'elle n'est pas encore sourde ? Pas encore sourde, peut-être, mais déjà sourde aux conseils.

### Un regret et un appel

Parce que la souffrance et l'incompréhension par rapport à ce qui arrive sont bien réelles, la rencontre spontanée d'une personne en situation de déficience auditive et d'un professionnel devrait pouvoir rester libre, possible en dehors d'un bon de commande ou d'une prescription. Il est déjà tellement difficile de franchir la porte d'un lieu quand on ne sait pas comment on va communiquer !

Le professionnel que j'étais avait beaucoup de mal à justifier à ses financeurs la pertinence de mettre en place des permanences. « On ne peut pas être juge et partie » nous opposait-on ! Ou bien « l'offre crée la demande ».

Et pourtant, je ne vais pas voir mon garagiste quand j'ai un problème de chauffe-eau. Par sa connaissance du milieu, un travailleur social spécialisé va apporter des éléments de réponses et « cerise sur le gâteau » dans le cas de l'interface de communication, avec un mode de communication adapté à la personne.

Je ne sais pas si la rencontre avec la jeune prof de sport serait encore possible aujourd'hui...

## Une remarque de la salle

Bonjour, je suis chargée de mission handicap à l'Université de Grenoble, du côté des agents. J'espère que maintenant ça n'existerait plus, cette jeune professeure de sport qui a perdu l'audition et qui ne serait pas restée sur son poste de professeure de sport. Tout à l'heure, vous parliez de la fonction publique. Effectivement pendant très longtemps, la fonction publique avait l'obligation des 6%, mais on n'avait pas la contribution, donc l'amende si on n'atteignait pas les 6%. Effectivement, sans cette contribution, nous nous retrouvions avec 3% de personnes en situation de handicap dans la fonction publique d'État. Et sur l'université, ça fait seulement 3 ans qu'on paie la contribution totalement, c'est-à-dire pas au tiers. Et l'Éducation nationale ne paie pas. Pour l'heure, on est en train de mettre en place une politique handicap, la fonction publique, quelle qu'elle soit, étant plus en retard que le secteur privé. On a le fond d'insertion des personnes handicapées, le FIPHFP, qui est le pendant de l'AGEFIPH. Comment cela se déroule-t-il ? La contribution sert à un fond. C'est via ce fond qu'en tant que chargée de mission handicap, je vais demander de l'argent pour les personnes en situation de handicap. Sur le handicap auditif, on peut demander des financements de formations. Par exemple, en ce moment, je cherche une formation de lecture labiale en anglais puisque j'ai des professeurs qui font des réunions en anglais et qui ont besoin de cette lecture labiale. Il y a aussi du financement d'appareillages auditifs, des Roger table pour les réunions, des boucles magnétiques au niveau des travaux de réfection des locaux, des cloisons acoustiques aussi. Pour la fonction publique, on part de loin, mais on avance...

**Témoignage**

# L'aide de la Langue française Parlée Complétée (LfPC)

*Léa Weill*

Bonjour. Vous m'entendez ? Je vais commencer. Qu'est-ce que la surdité ? Une définition que vous n'avez peut-être pas encore entendue.

> « Est sourd, quiconque qui ne peut comprendre la parole (*avec ou sans prothèses auditives ou d'autres dispositifs*) au seul moyen des sons (*c'est-à-dire sans indice visuel tel que la lecture labiale*) »

Au seul moyen des sons, cela veut dire que si on ne peut pas comprendre la parole, sans aide visuelle et sans prothèse, on est sourd. La surdité, c'est un handicap de communication, c'est un handicap qui est partagé et c'est un handicap qui est invisible. Je suis sourde. Si je ne vous l'avais pas dit, si vous n'aviez pas vu que Laura était en train de coder avec moi, avant, je pense que j'aurais pu encore continuer longtemps... ça serait passé comme une lettre à la poste. On a beaucoup de préjugés à propos de la surdité, on pense que les sourds sont muets, parce qu'on voit des sourds qui ne font que de la langue des signes, qui ne s'expriment pas oralement ; on pense que de ce fait, les sourds sont illettrés et Aristote aurait même dit : « quelqu'un qui ne parle pas, ne peut pas penser ».

Cette photo, c'est moi, j'adore faire du VTT ; et les deux images à côté, c'est moi en train de décoder (je regarde quelqu'un qui code en LfPC) et en train de coder à des enfants sourds dans le cadre d'animation. Mes oreilles, ma bataille : je suis sourde de naissance, j'ai une grande sœur sourde aussi. Je suis née sourde sévère. Voici mon audiogramme qui date de deux semaines, sans les appareils, surdité profonde ; avec mes prothèses, c'est mieux, je ne suis pas implantée. C'est un audiogramme qui est fait sur des bips, qui ne montre pas la compression du son ni le fait que l'on n'a pas, avec les prothèses, toutes les nuances de fréquence.

Bilan orthophonique de la semaine dernière : quand on me fait répéter des mots de deux syllabes avec l'article devant : si j'ai le droit d'écouter et de regarder les lèvres et avec la suppléance mentale, il y en a 75% de juste. Si je ne m'appuie que sur mes oreilles : 25% – autrement dit rien du tout – et en lecture labiale seule : 50%.

Comment j'en suis arrivée ici ? J'ai 26 ans, Bac+5, master en STAPS et en marketing et ça fait 4 ans que je suis dans le monde professionnel. J'ai eu un premier job qui a duré un an et demi et un job actuel à Grenoble depuis 1 an. Donc si j'en suis là : mes yeux, mes appareils, le travail de l'orthophoniste depuis toute petite, mes parents (très importants), la suppléance mentale, l'analyse de la situation, le contexte, mes alliés c'est-à-dire des gens entendants qui n'ont rien à voir avec le monde de la surdité, qui ne sont pas des professionnels, des proches qui après avoir vécu beaucoup de situations avec moi ont compris, ont intégré toutes les problématiques de la surdité et qui vont au-delà des autres personnes que je rencontre en leur disant « attention, elle est sourde, si tu fais comme ça, on va pas réussir à communiquer avec elle », du coup ce sont eux qui font la sensibilisation, ce n'est pas moi qui dois le faire. Et c'est assez important. On y reviendra plus tard.

Je vais vous présenter la LfPC ou Langue française Parlée Complétée[50]. Le *Cued Speech* a été créé pour l'anglais par Orin Cornett[51] en 1967 aux États-Unis, il travaillait à l'Université Gallaudet, une des plus vieilles universités pour les personnes sourdes aux États-Unis. Il ne connaissait pas les sourds, il était mathématicien et physicien et il pensait, en arrivant à Gallaudet, trouver des personnes qui étaient des 'rats de bibliothèque', des personnes qui prenaient toutes les informations écrites et qui basaient toutes leurs connaissances sur l'écrit. Il s'est rendu compte que les sourds de Gallaudet, à l'époque, n'étaient pas des bons lecteurs. Pourquoi ? Parce qu'il n'y avait pas, à l'époque, de schéma qui puisse permettre de rendre visuelle une langue orale.

Je parle là de personnes sourdes de naissance, avec une surdité profonde, pour laquelle les prothèses auditives ne permettent pas une compréhension

---

50 Pour des informations complètes, cf. le site de l'ALPC Association nationale pour la Langue française Parlée Complétée https://alpc.asso.fr/ et leur livret scientifique : La LfPC regardée par les sciences – Édition 2020, https://alpc.asso.fr/lfpc-regardee-par-les-sciences/
51 Cornett O. & Daisey M. E., *The Cued Speech Resource Book for Parents of Deaf Children*, National Cued Speech Association, 1982.

suffisante pour apprendre une langue orale. Si on apprend à écrire, c'est parce qu'on entend les sons et on associe les sons à des syllabes et on fait le lien entre ce qu'on entend et ce qu'on apprend à écrire. Pour une personne sourde, tout est confondu. En lecture labiale, il existe beaucoup de confusions : 'bois ta menthe à l'eau' et 'mets ton pantalon' sont des phrases quasi identiques en lecture labiale. Les phrases 'marche très vite' et 'mange tes frites' aussi. Tout comme certains mots : pour 'pain' 'bain' et main', les consonnes ont une forme de lèvres identique.

Cornett est parti de ces confusions pour trouver un moyen de faire sauter ces confusions labiales pour rendre tangible et visible la langue orale. L'objectif était pour lui de faciliter l'établissement du lien entre ce que l'on voit sur les lèvres de la personne qui parle et les caractères écrits. C'était aussi pour Cornett un moyen d'apprendre à lire sur les lèvres et à entraîner cette capacité. Le code LPC retransmet exactement la langue française. Il faut savoir qu'au moins 90% des enfants sourds naissent de parents entendants. Se pose la question pour les parents entendants de savoir quelle langue donner à l'enfant. La Langue des Signes, c'est bien, mais ce n'est pas la langue française. La LSF a une syntaxe propre. Avec uniquement la LSF vous ne pourrez pas lire et comprendre ce qui est marqué sur le programme du colloque. Ce peut être faisable, mais c'est compliqué.

Avec du code LPC reçu au plus jeune âge, les enfants deviennent de bons lecteurs, ce qui leur garantit une autonomie de choix dans la vie, par rapport à l'école, aux études, au travail. Une autonomie citoyenne où on peut prendre nos décisions nous-mêmes. Je vous donne un exemple très simple. J'étais à l'institut national des jeunes sourds. Les jeunes en face de moi avaient 14 ans et étaient tellement mauvais lecteurs qu'ils ne pouvaient pas prendre un billet de train seuls pour rentrer chez leurs parents le week-end ! C'est de ce genre d'autonomie dont je parle.

La LfPC c'est le français. Il n'y a pas de distorsion. On ne reformule pas. On parle le français exactement. C'est la langue française dans toute sa précision. C'est juste qu'on l'entend avec les yeux. On l'entend avec les yeux, au sens où, si comme tout à l'heure quand Michel parlait trop vite pour moi, je regardais Laura, qui est codeuse professionnelle, et j'avais le message complet de Michel. Donc si je vois quelqu'un qui me code, ma compréhension est là.

Comment ça marche ? J'aime bien terminer par cela. D'abord, je vends le truc et ensuite j'explique. Vous avez toutes les clefs du code LPC (Figure 1), vous avez besoin de ça et de rien d'autre.

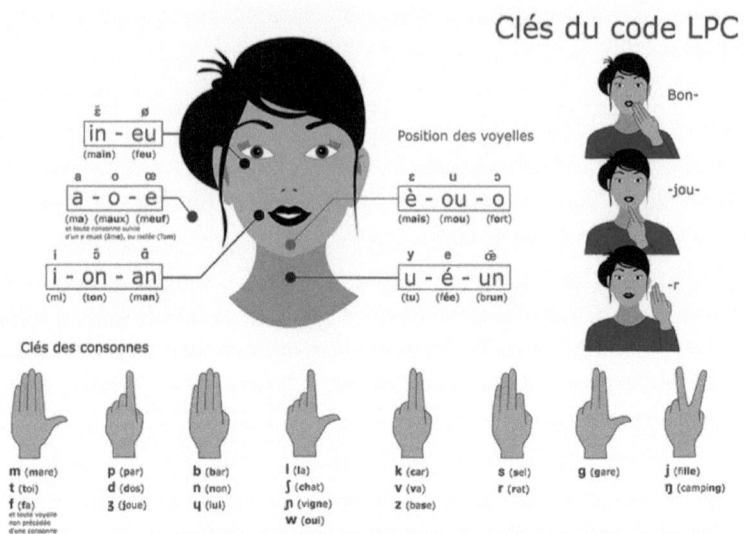

Figure 1 : Positions de mains et configurations de doigts de la Langue française Parlée Complétée

Les configurations de doigts représentent les consonnes et les positions de la main autour du visage représentent les voyelles : bouche, menton, cou, pommette et côté. On peut tout coder. Toutes les nuances de liaison. On peut coder en chantant. Vous codez à la même vitesse et en même temps que vous parlez, sans changer de débit. Vous pouvez coder sans la voix, cela ne dérange pas les autres personnes, c'est discret. Je peux avec un mouvement de sourcil indiquer à Laura que je n'ai pas compris, parce que peut-être je ne connais pas le mot ou que la personne qui parle est partie hors contexte. Dans ce cas, la codeuse peut reformuler. Ce code LPC m'a servi quand j'étais petite, mes parents codaient déjà puisque ma grande sœur est également sourde, c'était 'tapis rouge pour moi', ils ont pris toutes les bonnes décisions. Mes parents codaient tout le temps pour que j'apprenne à regarder le visage et acquière la lecture labiale, qui peut me servir même s'il n'y a pas la main.

À l'adolescence, codage ponctuel quand on est au restaurant, quand je vais à la piscine, quand je suis fatiguée, quand mes appareils tombent en panne, quand je dois me faire gronder pour être certain que le message passe ! Codage à toute vitesse : dans un cadre scolaire, universitaire ou dans le monde du travail. Une personne vient coder tout ce qui se dit, en nous donnant aussi accès à l'ambiance sonore, aux échanges, aux blagues. Il y a aussi le codage plaisir, je décode, mais aussi je code avec mes amis sourds, avec des amis entendants qui utilisent le code. Dans ces cas-là, je parle à voix haute, eux ne regardent pas la main, mais tout le monde a le message en même temps, les amis sourds en visuel et les amis entendants en audition. Il n'y a pas de décalage. Et on parle de la même chose. Cela s'appelle le coditoire[52] !

Est-ce qu'on est dépendant du code LPC ? C'est une question qui revient souvent, les professionnels disent que ce serait bien que l'on s'appuie davantage sur les prothèses, l'implant cochléaire ou que l'on fasse plus d'efforts en lecture labiale. Mais on l'a vu, j'ai beau faire tous les efforts que je peux, la lecture labiale, pour moi, c'est 50% de compréhension parce qu'il y a les confusions. Parmi vous, il y en a qui portent des lunettes. Diriez-vous que vous êtes dépendants de vos lunettes ? Oui ! Mais est-ce que vous les enlèveriez parce qu'on vous dirait : 'ah oui, ce serait bien de les enlever parce que cela ferait travailler vos muscles' ? Non, c'est une aide, elle existe, pourquoi s'en passer ? Il a été prouvé que pour les enfants appareillés ou implantés, quel que soit l'âge, avec le code LPC, la compréhension de la langue écrite et orale est de toute façon améliorée. La grammaire, les subtilités de la langue, le pouvoir de jongler avec les mots... la LfPC permet de s'approprier tout cela et ensuite de faire sa recette et avancer dans la vie. La personne sourde ne s'affranchit pas de la LfPC, car elle en a besoin au même titre que vous ne vous affranchissez pas de vos lunettes. Par contre, elle permet de choisir les modalités : je peux regarder la codeuse, ou je peux écouter un peu la personne qui parle parce que j'entends quand même et que je peux m'aider de la lecture labiale, mais si ça va trop vite ou s'il y a une moustache, si j'ai loupé des mots, je peux faire appel au codeur présent. On peut vraiment être maitre de l'accessibilité et du degré d'aide que l'on veut. On peut être en droit de dire aussi : « je me débrouille ».

Le code a été fait en anglais, c'est le *Cued Speech*, puis adapté au français en 1977. Il y a une transversalité entre les différentes langues : les voyelles et les consonnes similaires ont les mêmes clefs. Il y a trois différences entre l'anglais et le français au niveau des consonnes et un peu plus au niveau des voyelles entre ces deux langues. Mais une fois qu'on a compris et appris le système dans une langue, pour le passage à une autre langue, on sait déjà regarder les lèvres et regarder la main. Une fois qu'on a fait les connexions, on comprend tout. Cela est donc très intéressant dans l'apprentissage des langues étrangères, qui est un apprentissage très compliqué pour les personnes sourdes, d'autant que l'éducation nationale fait souvent travailler avec des cassettes audios ! L'équivalent du *Cued Speech* existe en allemand, en espagnol, en persan... en 60 langues.

On en vient au monde professionnel. Cela fait quatre ans que je suis sur le marché du travail. C'est différent de l'éducation où tout est cocooné, les professeurs nous connaissent et savent comment la surdité fonctionne, car il y

---

52 Weill A.-L., *Les trois heureux paradoxes de la Langue française Parlée Complétée*. Dans de J. Laeybert (Dir.), *La Langue française Parlée Complétée (LPC) : Fondements et perspectives*, 2011.

eut des réunions de prérentrée, les parents sont présents pour expliquer aux professeurs qui ne voudraient pas faire d'efforts qu'il faut qu'ils en fassent. Réunions, téléphones, échanges informels, open-space, invisibilité du handicap sont autant de problèmes dans le monde du travail. Je vais insister sur l'invisibilité du handicap, parce qu'on oublie tellement vite qu'une personne sourde est sourde. Pourquoi ? Parce que cela se passe plutôt bien, on est compétent dans ce qu'on fait, on échange, on parle, on rigole, on est vivant et, comme les personnes du monde du travail ne nous voient que dans le cadre du bureau et qu'elles discutent de manière ponctuelle avec nous (les relations ne sont pas au même titre que mes colocataires, ou mes amis et ma famille), on a vite tendance à oublier que la personne est sourde et cela crée de nombreuses situations d'incompréhension et de malentendus. Les collègues ne comprennent pas pourquoi tout d'un coup, on s'énerve, alors que c'est juste parce qu'on n'a pas compris. On est frustré de ne pas pouvoir suivre la réunion. Parfois, je vois tout le monde qui prend son manteau, je n'ai pas compris qu'on allait au restaurant, je ne sais pas quand cela a été décidé, car je n'ai pas entendu cela à la pause, et comme je ne me suis pas organisée pour prendre une pause de 2 heures, je ne peux pas participer à cette vie sociale du groupe et cela donne le sentiment d'avoir été mise à l'écart.

Cette invisibilité du handicap est liée pour moi au problème de la sensibilisation. La sensibilisation n'est pas faite par l'entreprise. L'AGEFIPH, la RQTH, c'est joli. J'ai la RQTH. J'ai fait des demandes à l'AGEFIPH. La première entreprise dans laquelle j'ai travaillé, m'a dit : « oui, mais tu te débrouilles bien avec les mails. Ne t'inquiète pas. Non, mais, tu sais, le téléphone ce n'est pas la priorité. Pour faire l'adaptation du téléphone, c'est un peu cher ». Je réponds « vous envoyez la demande à l'AGEFIPH, vous verrez que les aides de l'AGEFIPH correspondent au devis ». On m'a répondu qu'on n'avait pas trop le temps. Dans mon bureau, un écran très grand sur le bureau de ma collègue graphiste, avec laquelle je travaillais tous les jours, m'empêchait de la voir. Je lui demande de décaler son écran de 15 cm. Sa réponse : « Tu peux te lever aussi ». Le DRH, à qui j'explique la situation, convoque la collègue qui revient furieuse : « il m'a dit qu'on devait régler ça entre nous ». Je me suis pris un savon monumental : « Tu es égocentrique. C'est des caprices. Pourquoi on devrait s'adapter pour toi... ? ».

Ce premier job ne s'est pas très bien terminé. J'étais démotivée de travailler avec des gens qui ne voulaient pas faire d'efforts. Dire à quelqu'un qui est sourd « Tu te débrouilles très bien avec les mails », cela revient à ne pas écouter les besoins de cette personne et c'est lui mettre un plafond de verre. On n'exploite pas à fond le potentiel d'une personne sourde. Je suis incapable de téléphoner. Les aides de l'AGEFIPH, c'est une sorte de relais téléphonique, avoir une tierce personne qui écoute la conversation, qui peut être un codeur, ou une personne qui écrit ou un interprète en LSF pour les personnes sourdes qui signent. J'ai des amis qui ont cette aide au travail. Ils peuvent téléphoner, il y a un petit décalage, mais on peut téléphoner. On en revient au handicap partagé, on lève une barrière entre la personne sourde et la personne entendante. Et dans le milieu du travail, passer un coup de fil, ça vaut parfois quinze mails. Le coup de fil, c'est plus humain. On m'a appris à parler, on m'a dit « Vas-y, vas chez l'orthophoniste... Entraîne-toi à décoder », alors pourquoi maintenant... zut ! On a le droit de parler, alors faisons-en sorte de pouvoir le faire.

J'en reviens au code. Dans le monde du travail, les réunions avec cinq personnes qui débattent, qui sont passionnées, j'y arrive les 5 premières minutes et après, c'est fini. Il faut rattraper le retard, mais comment ? Si on coupe à chaque fois pour demander de répéter, tout le monde deviendrait dingue. Une des solutions est la présence d'une codeuse ou d'un codeur en Langue française Parlée Complétée. La codeuse va participer à la réunion, se placer discrètement de façon que j'ai une vue globale à la fois sur la codeuse et les personnes qui participent à la réunion. J'ai ainsi un compte-rendu de tout ce qui est dit, de toutes les opinions, de façon à ce que quand on me demande la mienne, je sois capable de la donner. Parce que sans la codeuse, si on me demande ce que je pense, la plupart du temps je ne pense rien. Donc tu sors d'une réunion de 2 heures, tu n'as rien compris, tu ne sais pas ce qu'il faut faire, et en plus pendant 2 heures on t'a dit « Tu es sourde, tu ne comprends pas ! ». Donc une réunion de 2 heures le matin à 10 heures sans codeur, ma journée est flinguée. Dans les sensibilisations, il y a aussi le fait de pouvoir expliquer que pendant les réunions, les autres doivent aussi essayer de s'adapter en faisant des comptes-rendus écrits qui serviront à tous les collègues. Et dans mon travail actuel, j'ai mis en place le ballon de la parole, mieux que le bâton, car le temps que le bâton arrive, la personne a déjà commencé à parler, or moi je ne sais pas qui parle, il faut que je regarde tous les visages, donc j'ai déjà une phrase de retard. Le ballon va directement à la personne qui parle, celui qui parle est obligé de s'arrêter, car il doit se concentrer pour lancer le ballon et celui qui va parler est obligé de s'arrêter pour attraper le ballon, et moi je sais où regarder de suite : c'est génial. Après... ça marche les trente premières minutes de la réunion. Ensuite les gens s'échauffent et parlent vite. Mais c'est déjà beaucoup mieux que rien. Et ça rend tangible la surdité, si je fais répéter et que la personne n'a pas le ballon en main, elle s'en rend compte. Cela permet aux personnes de se discipliner. Mon chef actuel m'a dit qu'il trouvait le procédé intéressant, car cela oblige aussi les personnes à aller droit au but, sans s'étaler. Cela permet aussi de réfléchir à ce que l'on veut dire quand on ne parle pas. C'est un point positif, comme quoi toute différence peut devenir une force.

Tomber sur les bonnes personnes. C'est une spéciale dédicace à mon premier employeur, qui faisait partie des entreprises assujetties au 6%, qui savait que j'avais la RQTH, qui savait que j'étais sourde, qui m'a recrutée pour mon CV, mais qui ensuite n'a pas fait d'efforts. J'ai proposé les missions de sensibilisations, il disait que c'était trop cher, que mes collègues étaient au courant de ma surdité, mais tout en faisant passer mes demandes pour des caprices.

Mon job actuel se passe dans une petite boite. On est 12, c'est plus facile de travailler avec tout le monde. On a une organisation où chacun travaille avec tous les collègues. Ce sont des personnes plus jeunes, je pense que cela joue. Dans mon premier boulot, j'étais la plus jeune de 15 ans.

Et pour finir, un ami sourd fait des illustrations « quand la personne n'a visiblement pas compris la surdité ». Il fait plein de dessins. Il s'appelle Nicolas Combes. Sur diverses situations, par exemple la lecture labiale. Quoiqu'on en dise la lecture labiale, c'est cool, mais au-delà même des confusions, il y a tellement de situations où cela ne marche pas : une personne à contrejour, une moustache un peu longue, une personne qui articule mal, trop vite, ou qui déforme ses lèvres croyant bien faire... c'est quand même fatigant de naviguer dans ce monde entendant qui n'est adapté que pour les entendants. La fatigabilité d'une personne sourde, c'est quelque chose à prendre en compte quand on parle de surdité.

J'ai deux prothèses que j'aime bien, auxquelles je tiens. Je suis née sourde. Je n'ai jamais connu mieux que ce que je connais là. Ma grande sœur s'est fait implanter, elle est très contente. Elle perçoit que le frigo fait du bruit : ah ! génial ! Ça ne m'intéresse pas trop. Sa compréhension de la parole est améliorée certes, mais elle n'est pas pour autant entendante, ni indépendante de la lecture labiale ou du code LPC. Pour l'instant, dans mon cas personnel, vu que les résultats varient énormément d'une personne à l'autre, j'en reste là, l'implant est plus contraignant que les prothèses à mon sens. Je suis très sportive, je me déplace beaucoup dans le cadre de mon travail. Les batteries de l'implant durent une demi-journée. J'adore partir en montagne pendant des jours et des jours, pas pratique ! Je porte un casque tout le temps. L'implant et les casques ne sont pas des bons amis. J'ai un ami bi-implanté, on a fait du VTT de descente une journée complète, il passait son temps à remettre ses antennes et a fini par les enlever ! Je me débrouille comme cela, on a des aides comme le code LPC, on peut sensibiliser les gens. Je pense que la société gagnerait à être un peu plus ouverte en termes d'aides humaines et de changement de comportements, plutôt que de dépenser beaucoup pour les prothèses et implants. Le code LPC, on l'a dit, ça s'apprend en une *slide*, en un *week-end* vous avez tout compris, en une semaine intensive vous codez à la vitesse de la parole. Si vous êtes motivé... vous avez le droit de ne pas l'être. J'ai envie de dire « C'est *cool* la technologie, mais l'humain c'est *cool* aussi ». Faire prendre ses responsabilités à la société qui se veut inclusive, qui fait des lois : dans la loi de 2005, c'est écrit : on a droit à la LSF, on a droit au code LPC. Donc, remettons l'humain au centre des aides et ne nous jetons pas à corps perdu sur des technologies qui ont aussi leurs limites.

L'origine du mot handicap ? *'Hand in Cap'* : un jeu de la société britannique où chacun mettait un objet dans un chapeau et en cercle on s'échangeait les objets. Un arbitre vérifiait l'équité des valeurs. C'était donc une notion d'égalité. Ensuite, on a transféré la notion aux meilleurs chevaux d'une course qui partaient lestés pour être moins avantagés par leur rapidité, afin de créer une égalité par rapport aux gains des paris de la course. De la notion d'égalité du plus fort que l'on doit euphémiser, on en est venu à la notion ou au préjugé de personnes dépendantes, incapables. J'aimerais bien que l'on revienne à la notion du cheval. C'était mon message !

Et si on écoutait les personnes sourdes ?

## Remarques et questions de la salle

> *Ce n'est pas une question, je veux simplement vous remercier, car c'est du punch, du punch... et cela renverse complètement le regard qui peut être porté sur les personnes sourdes. Merci infiniment !*

> *Qu'est-ce que c'est que le codage ?*

Léa Weill : Là, le codeur est en train de coder tout ce que je dis. Donc l'idée, c'est qu'on regarde les lèvres et la main pour avoir les indices visuels de ce qui est dit à l'oral. Quand j'écoutais l'intervenant précédent, je ne l'écoutais pas, je me concentrais sur la codeuse. Je suis sourde de naissance, c'est donc quelque chose que j'ai acquis tout de suite. Inconsciemment, quand je regardais quelqu'un qui codait, quand je regardais la bouche, je comprenais mieux. Pour les personnes sourdes, il y a des expressions qui sont difficiles à acquérir. Les expressions françaises comme 'prendre ses jambes à son cou', le second degré est compliqué à comprendre. On travaille cela avec l'orthophoniste. Je sais qu'à Grenoble, l'orthophoniste Martine Marthouret travaillait avec des personnes devenues sourdes pour qu'elles puissent justement apprendre à décoder de façon à aider leur lecture labiale. C'est une façon de donner des indices en plus et de mieux comprendre la lecture labiale. Je ne sais pas s'il y a eu des études sur l'apport du code pour des personnes devenues sourdes ? Le code est très jeune, pour l'instant ceux qui en ont bénéficié sont des personnes de ma génération, ou quelques années avant, qui entrent dans le monde du travail, et qui sont capables de dire que ça marche. Progressivement, on va peut-être s'intéresser aux personnes devenues sourdes qui vont devoir regarder les lèvres et à qui on pourrait proposer de rajouter la main.

Marie-Agnès Cathiard : Pour répondre rapidement, il y a peu d'études et peu d'utilisation du code LPC chez l'adulte. Il y a eu des tentatives en Bretagne, avec un groupe de devenus sourds qui se sont formés. Il y a deux difficultés pour le code chez l'adulte devenu-sourd. Tout d'abord, un adulte de plus de 50 ans va-t-il pouvoir apprendre à décoder ? Et deuxième question : est-ce que son entourage va s'y mettre aussi ? Les parents font l'effort avec les enfants. C'est, semble-t-il, moins évident pour un conjoint ou des amis. Je reste convaincue que cela ne serait pas plus compliqué d'ajouter du code LPC, cela diminuerait peut-être même les efforts faits par les malentendants pour essayer de lire sur les lèvres des sons qu'ils ne peuvent pas toujours voir.

*J'étais étonnée, car vous avez dit que, pour les entendants, pour apprendre à coder en parlant, il fallait une semaine. Ce n'est pas plus long ?*

Léa Weill : Il y a 8 positions de la main et 5 positions autour du visage. Il vous suffit juste de séparer les mots en syllabe, comme quand on compte les pieds d'un vers d'un poème. Je vous code le mot 'té-lé-pho-ne'. Le plus dur est le démarrage. La LSF est plus facile au démarrage, car ce sont des gestes qui englobent un mot. Mais dans 5 ans vous ne maitriserez pas la LSF.

Marie-Agnès Cathiard : On apprend le LPC aux parents en un stage de deux jours, en une dizaine d'heures et ensuite ils vont pouvoir commencer à pratiquer avec leur enfant. Quand on forme un codeur LPC en licence professionnelle, on les forme en 10 mois, pour qu'ils acquièrent une grande fluidité et rapidité et soient capables d'intervenir auprès de publics d'âge et besoins différents.

*Est-ce que vous faites des formations professionnelles pour former des équipes en une semaine ou deux semaines ? Pour les bases ?*

Laura Machart (codeuse) : Il y a des formations, par exemple à Grenoble, l'association ADIDA 38 propose des formations à destination des parents et l'ALPC au niveau national propose des formations de quelques jours pour sensibiliser des professionnels. Ce n'est pas le même usage, ce ne sont pas des codeurs professionnels où on est formé à la fluidité, à la reformulation...

> *Il faut absolument pratiquer, car dès qu'on ne pratique pas, on oublie.*

Léa Weill : Tout dépend du taux d'apprentissage initial. J'ai un grand frère, qui habite à l'autre bout de la France, il ne pratique plus le code, car ses enfants sont entendants. Mais dès que je vais le voir, il ressort parfaitement les clefs. Une fois que c'est acquis, ça revient vite.

> *Il y a la même expérience avec des enfants : quand on accompagne des enfants en primaire pendant un an, les enfants apprennent très vite, ils se codent entre eux.*

Léa Weill : L'association référente qui s'occupe de la promotion du code LPC, c'est ALPC alpc.asso.fr et j'ai un blog « je code donc tu suis ». J'ai demandé à des personnes d'écrire pourquoi elles codaient. Il y a 350 messages différents. Par exemple « je code pour créer des connexions », « je code et je décode où je veux quand je veux », « je code parce que j'aime mon fils » ...

Témoignage

# Travailler ensemble

*Isabelle Hortolan et Caroline Leduc*

## *Isabelle Hortolan*

J'ai 48 ans. Je travaille aux Eaux de Grenoble Alpes. Je ne suis pas née sourde, j'ai eu une perte d'audition à l'âge de 10-12 ans, j'ai été appareillée à 17 ans, j'ai poursuivi l'école comme j'ai pu, j'ai quand même eu le bac à 21 ans. Je suis rentrée dans le monde du travail. J'ai souvent trouvé des CDD, des contrats emploi solidarité. À 45 ans, j'ai eu mon premier CDI. Cela a été dur d'accepter mon handicap. Mon père était également malentendant, presque sourd. Je n'avais que lui comme référence. J'allais bien chez l'audioprothésiste, l'ORL, mais je ne voyais personne de mon âge qui était malentendant, ni dans mon entourage, ni dans les écoles que j'ai fréquentées. J'ai enfin dit à une personne « je suis malentendante », je devais avoir 30 ans. Au départ, je n'en parlais pas.

Dans mes CV, je ne savais pas s'il fallait que je le dise ou non. Je demandais à des conseillers Pôle Emploi. Certains me disaient de le mettre, d'autres me disaient de ne pas le mettre, pensant que si j'inscrivais que j'avais une RQTH, l'employeur penserait 'fauteuil roulant' ! J'ai décidé de ne pas l'inscrire. Et lorsque j'obtenais un entretien professionnel, ce n'est qu'à la fin que je disais que j'étais malentendante et appareillée. Je ne sais pas si j'ai eu des refus de postes à cause de mon handicap.

Actuellement je suis agent de facturation. J'ai proposé au directeur d'installer une BIM (boucle à induction magnétique) à l'accueil, donc je l'utilise et cela est très agréable. Cela me permet de mieux comprendre les abonnés qui parlent très bas. À l'âge de 45 ans, mon médecin m'a dit de faire un bilan orthophonique pour savoir si j'utilisais la lecture labiale. En effet l'orthophoniste m'a dit que c'était un complément pour moi. Je complète par rapport à ce que j'entends. Je suis malentendante à 80% sur les deux oreilles. Ce qui est gênant est naturellement de faire répéter aux collègues.

Ce qui est encore plus frustrant, c'est quand on me disait que ce n'était pas important, que je n'avais pas à savoir. Les personnes ne prennent pas toujours la peine de répéter. À l'adolescence quand je voyais des gens qui parlaient entre eux et qui me regardaient, j'avais l'impression qu'on parlait de moi, comme une imbécile qui ne comprend rien. En vieillissant, je me suis raisonnée. Dans mon travail actuel, il a été décidé de mutualiser le téléphone en 3 groupes : lorsqu'un groupe est saturé, cela passe à l'autre. J'ai dit à mon responsable que ce n'était pas possible de répondre au téléphone. Il m'a demandé d'aller à la médecine du travail, vis-à-vis de mes collègues, pour faire valoir que je ne pouvais pas répondre au téléphone. C'est ce que j'ai fait.

Je suis venue témoigner avec ma collègue de travail avec laquelle je travaille tous les jours, pour avoir ses réactions par rapport à un collègue malentendant. Au niveau de l'agencement du bureau, nos bureaux ont été mis l'un en face de l'autre. Pour me parler, elle a compris qu'il fallait parler au-dessus des écrans. Toutes les deux, on s'est bien adaptées, mais personne n'est venu nous demander, à l'une comme à l'autre, comment on le vivait. On se débrouille tous les jours avec les moyens du bord. Je lui ai expliqué comment il fallait faire : capturer mon attention, bien articuler sans trop... Et cela s'est fait tout seul. Cela fait un peu plus de trois ans. Par rapport aux réunions du service, on a la chance d'avoir un service de 6 personnes. Dans une réunion, chacun se met à parler en même temps. Donc j'ai expliqué que je ne pouvais pas suivre quand c'était si bruyant. Maintenant tout le monde s'adapte plus ou moins.

## Caroline Leduc

J'ai 46 ans et on partage effectivement notre bureau depuis un peu plus de 3 ans avec Isabelle. On ne m'a pas demandé mon avis. Il y a eu trois recrutements à la même période dont Isabelle qui est arrivée dans mon bureau. On va dire que les deux premières années, ça s'est bien passé. Elle m'a tout de suite fait part de son handicap. Cela n'a pas posé de problème, même s'il y a quelques anecdotes. Quand on parle un peu en messe basse, entre collègues, dont Isabelle, et qu'on ne veut pas le dire trop fort, Isabelle n'entend pas toujours et nous demande de répéter. Cela peut être gênant pour nous. Il est vrai qu'on ne se rend pas compte quand on est entendant, et aussi le fait de se sentir un peu mis de côté. Alors que ce n'est pas l'intention. Mais globalement, je pense que le service a joué le jeu, à plus forte raison quand on est dans le même bureau.

Là où c'est devenu compliqué, c'est quand on a mutualisé les tâches avec un autre service. Du coup on travaille par demi-journées, dont le téléphone en groupe 1. On est une équipe de six et normalement on devait prendre deux demi-journées par semaine, le téléphone en groupe 1 à tour de rôle. Et là, quand on est au téléphone, toutes les deux, c'est ingérable parce qu'Isabelle a tendance à augmenter le volume, moi aussi si je suis au téléphone en même temps qu'elle, du coup ça la gêne, ça me gêne, ça gêne tout le monde. Et c'est là où on se dit que la direction a embauché Isabelle, qui est malentendante, mais après une mutualisation, sans adapter et sans ensuite se préoccuper de ce qui se passe dans les bureaux. Ce ne sont pas forcément les personnes qui donnent leur aval pour une embauche qui vivent après au quotidien... On a quand même une direction assez à l'écoute. Donc on a mis des choses en place.

On nous a aussi proposé, quand on était l'une et l'autre en groupe 1, de changer de bureau, pour aller s'isoler dans un bureau, seule. On ne l'a jamais fait. Du coup nous nous sommes adaptées. Je dois signaler aujourd'hui que sur un service de 6 personnes, il y en a 3, dont Isabelle qui vous l'a dit tout à l'heure, qui ont une restriction sur le groupe 1. Dans une équipe où on mutualise les tâches, où tout le monde fait les mêmes choses, cela devient gênant au niveau de la charge de travail pour les autres. Ce n'est pas contre Isabelle que je dis cela. Deux autres personnes ont des restrictions pour d'autres raisons. Quand la charge de travail est plus lourde pour les autres, c'est un handicap pour tout le monde. Ou peut-être pour ceux qui supportent plus la charge de travail. Ça n'a rien à voir avec les compétences. Isabelle est très compétente. Je suis très contente d'être venue aujourd'hui et c'est intéressant d'avoir écouté les différents intervenants.

Pour finir, la diversité en entreprise, c'est bien. Mais comme on en parlait avec notre patron ce matin, la diversité, elle est sur tous les domaines, l'autre est forcément différent de nous, qu'ils soient malentendants, qu'ils soient lunatiques, ou parce que des gens sentent mauvais par exemple... La pénibilité par rapport à l'autre peut être à plusieurs niveaux, et pas forcément au niveau du handicap. Il faut qu'on s'adapte, quel que soit le handicap ou le caractère.

## Questions de la salle

*Pour information, qu'est-ce qu'il en est de l'épreuve au bac en LSF ?*

Isabelle Hortolan : Mon fils est malentendant en BTS. On fait des demandes à chaque examen. Dans le premier trimestre de l'année, j'ai fait un dossier avec le lycée pour demander un tiers temps. En ce qui concerne l'oral, comme il entend avec les appareils, les examinateurs sont informés qu'il est appareillé. Le rectorat valide le dossier.

*Pour compléter la réponse à la question. J'étais chef de centre pour*
*un BTS. Même pour les épreuves orales, il y a des interprètes LSF qui*
*accompagnent le candidat et qui traduisent pour le jury les propos*
*tenus en LSF par le candidat. C'est prévu dans les modalités*
*d'examen. C'est le cas aussi pour le code LPC.*

Isabelle Hortolan : Je souhaite juste rajouter que ce qui surprend beaucoup de personnes est que je joue de la flûte traversière, je fais partie de deux orchestres, et avec l'association 'Musique pour tous'.

# Conclusion

# Audition, prothèses : vivre avec et vivre ensemble

*Jérome Goffette*

*Maître de Conférences en Philosophie*
*Université Lyon 1, EVS IMR 5600*

> Tout le monde n'entend pas
> Chanter la même chose,
> Au même endroit,
> Au même instant.
> L'un entend le chant de l'ortie,
> L'autre le chant de ses dix doigts.
>
> Guillevic
> *Art poétique*, précédé de *Paroi*
> et suivi de *Le Chant*
> (Paris, Gallimard, 1990, p. 378)

Faire une conclusion brève pour cet ouvrage – comme pour le colloque qui en fut à l'origine – relève de la mission impossible. Si le défi est désespéré, cela ne doit pourtant pas nous empêcher de donner une teinte de joie à cette conclusion qui ne peut en être une.

Compte tenu de la richesse des contributions et de celle des échanges, il s'agit d'abord de remercier chacun·e. Les croisements de regards et d'expériences entre des personnes malentendantes, des proches, des professionnel·le·s et des chercheurs et chercheuses nous ont amené·e·s à réfléchir à des situations humainement riches et extraordinairement complexes. Bien sûr, il convient de remercier Marie-Agnès Cathiard, pour l'organisation et la direction de ce travail, et pour sa participation active et précieuse au collectif *Corps et Prothèses*.

Ces contributions sur le monde des malentendant·e·s soulignent, s'il en était besoin, la profondeur de l'importance d'entendre.

*Entendr*e : ce mot lui-même a au moins trois sens. *Entendre*, c'est tout d'abord l'audition, le monde sonore. *Entendre*, c'est aussi comprendre, au sens classique des XVII et XVIII<sup>e</sup> siècles, lorsqu'on dit : « j'entends ce que vous me dites », ce qui signifie : « je vous comprends ». Enfin de façon un peu dérivée, *entendre* c'est saisir la substance du monde qui nous parvient par l'oreille, ce que Guillevic évoque dans son poème *Le Chant*. Ce troisième sens nous parle de tout un tissu de façons d'être au monde grâce, directement, à cette modalité perceptive, mais aussi, grâce aux métaphores qu'elle convoie.

Avec ces trois sens, on s'aperçoit qu'*entendre*, c'est donc bien plus que recevoir passivement un son : c'est porter attention à ce son, le lier à des significations et représentations, et le faire vivre en soi.

## Interroger les mots : sourd, malentendant, dur-de-la-feuille et autres trouble-oreille

Un autre mot mérite réflexion : *malentendant·e*.

Si nous poursuivons le travail mené par Isabelle Dagneaux, on peut trouver un peu étrange le choix de ce terme et surtout du préfixe qui s'y loge. En fait, de multiples racines étymologiques pouvaient – et peuvent encore – servir ici de suffixes. L'usage de *mal-* est assez triste, plaçant la situation sous l'égide du mal ou de la maladie. Passer à *non*-entendant n'est guère plus exact, car ce préfixe laisse tout en creux, bizarrement indéfini parce qu'on ne signifie rien de ce que la personne vit. Ce *non-* est une sorte de néant qui ne porte aucune des caractéristiques des perturbations vécues. Envisager *sous*-entendant donnerait un accent sympathique si on pense aux sous-entendus, mais il évoque surtout une infériorité, une valeur basse, en dessous, qui est mal venue lorsqu'on souhaite qualifier des personnes en leur accordant un égal respect. De plus, avec le phénomène d'acouphène, on s'aperçoit qu'il peut aussi être question de *sur*-sensation sonore plutôt que de *sous*-sensation.

Peut-être convient-il alors d'aller vers d'autres pistes. Peut-être celle du *dys*-entendant, qui semble mieux signifier la fonction perturbée. Peut-être le *para-* et la *para*-audition, car à la lisière de l'audition on n'est pas tout à fait dans le même monde, mais quand même on est proche. Etc.

Ce travail sur les dénominations n'est pas anecdotique, car les mots donnent une inflexion au sens, à la qualité qu'on porte, au tissage social avec les autres. Le plus important, sans doute, serait que le choix du mot appartienne à celles et ceux qui vivent le phénomène à la première personne, et que ce choix résulte d'un accord plutôt que d'être issu, comme aujourd'hui, d'un étiquetage médical (apparu dans les années 1960[53]), lui-même se démarquant d'un étiquetage social plus ancien, celui de *sourd·e* (issu du latin *surdus*). Et ayons conscience de cela : puisque le lexique a évolué, il peut encore évoluer.

Sans doute y a-t-il donc à faire un travail sur cette appellation. Chacun·e est invité·e à jouer avec des préfixes et des suffixes. Dans ce travail combinant poésie, linguistique et expérience humaine, quelqu'un·e d'entre vous trouvera un jour un mot sympathique et qui dise les choses.

Il est souvent intéressant d'ouvrir les mots. Le langage n'est déjà pas si fermé qu'il en a l'air. Nous avons l'expression *dur·e-de-la-feuille*, qui joue de l'évocation, de la métaphore, de la familiarité. Elle a le mérite d'introduire un sourire. Nous avons aussi, à l'opposé, le dépréciatif, voire l'insultant, avec le mot *sourdingue*.

Pourquoi ne pas poursuivre et explorer l'*inouï* et l'*audi-mat*, le *trouble-oreille* et la *surdi-bulle*, et toute autre piste qui introduirait un peu plus de poésie, d'humanité et de sens. L'essentiel, en la matière, serait que les intéressé·e·s trouvent le(s) mot(s) qui leur parai(ssen)t convenir.

## Les retentissements

Le troisième point que nous voudrions souligner est celui des retentissements.

Vivre un problème d'audition n'a rien voir avec le fait de vivre un problème de voisin trop bruyant. On touche au murmure du monde dans quatre composantes essentielles.

### Le murmure du monde : 1. La parole

D'abord, la *parole* et ses inflexions sont brouillées : le monde humain tend à être troublé, à être altéré. Prêter attention à autrui, le comprendre, saisir les nuances des inflexions de sa voix : tout cela n'a rien d'accessoire

---

53 Rey A. (dir.) (1995). *Dictionnaire historique et critique de la langue française*, Paris, Éditions Le Robert, articles « Sourd » (p. 1995) et « Entendre » (pp. 696-7).

comme le montrent les témoignages, très différents, de Anne-Marie Choupin, Annie Breyton, Isabelle Hortolan, Caroline Leduc et Léa Weill.

### *Le murmure du monde : 2. Vivre avec une prothèse*

Ensuite, les contributions des audioprothésistes, des médecins, et les témoignages des personnes portant une audioprothèse « classique » ou un implant cochléaire, nous montrent la complexité qu'introduit *la vie avec une prothèse* : conseils, réglages, suivis, entretiens, usures, précautions, pannes et dépannages, va-et-vient entre port et non-port de la prothèse, regard d'autrui, prothèse-emblème ou prothèse-stigmate, etc. La prothèse, objet à la fois distinct du corps, mais dans une forte proximité corporelle[54], rend la vie plus compliquée tout en la rendant plus aisée, et elle le fait sur de multiples plans.

### *Le murmure du monde : 3. Le paysage sonore*

De plus, avec la dégradation de l'audition, le monde général tend à s'effacer, à être moins présent à soi-même. Celles et ceux, comme Françoise Bertrand, Jean Vouthier et Savino Piccarreta, qui retrouvent une meilleure audition, nous ont fait part du plaisir de réentendre le bruit de la pluie, les oiseaux, ou d'être rassuré·e d'entendre à nouveau une personne s'approcher, un véhicule circuler, etc. Ce *paysage sonore* participe à la fois d'un bonheur simple, d'un certain plaisir esthétique et d'une assurance ou ré-assurance dans la connexion et la prudence à l'égard du monde.

### *Le murmure du monde : 4. Le paysage corporel*

Enfin, l'un des points qui est aussi apparu, chez quelques intervenant·e·s, est la relation au *paysage corporel*, à *son* paysage corporel, à son *corps propre* diraient les philosophes. Quand l'audition est en partie restaurée, les personnes se retrouvent plus fiables ou viables dans leur corps, sentent mieux leur équilibre, et raffermissent leur perception de soi. Sans doute serait-il intéressant d'investiguer plus finement ces effets sur le schéma corporel dans ces aspects sensoriels, moteurs et affectifs, dans ce qui fait qu'on est par l'audition dans le paysage de son propre corps.

Plus généralement, dans la question du rapport au monde, comment ne pas être interpellé, lorsqu'on est philosophe, par la perte de ce *murmure du*

---

54 Dalibert L. et Goffette J. (2020). « Qu'est-ce qu'une prothèse ? », in Gourinat V., Groud P.-F. Et Jarrassé N. (dir.) : *Corps et prothèses*, pp. 27-42, Grenoble, Presses Univ. de Grenoble (PUG).

*monde* et ce qu'elle implique. Des phénomènes d'*envahissement* (les acouphènes) se produisent, mais aussi leur inverse : le *dés-envahissement*, avec des effets de déstabilisation, de fragilité, etc. De même, des phénomènes à la fois psychologiques et sociaux se produisent, à l'exemple de ce « monde du coton » qui nous a été très bien rendu, ou encore le phénomène de « repli dans sa bulle » ou, au contraire, de parole proliférante et forte pour occuper et densifier le terrain, compenser le déficit de relation au monde.

Comme tout ce qui se vit, les *émotions* sont là : des agacements, des résignations, des attentes, des espoirs, de l'opiniâtreté ou de l'abandon, des habitudes bousculées. Même avec l'expérience, l'habitude n'est jamais complète et fait sentir une part de jointure imparfaite dans la relation à l'autre, par exemple lorsqu'un·e conjoint·e qui vous connaît pourtant très bien vous parle de la pièce d'à côté, s'étonne de ne pas obtenir de réponse avant de s'en vouloir d'avoir oublié que vous ne pouviez pas l'entendre. Comment ne pas parler aussi des questions de solitude et d'exclusion – s'exclure et/ou être exclu·e –, des questions du confort d'être dans la tranquillité d'une bulle, mais aussi de l'inconfort d'être coincé·e et enfermé·e dans sa bulle – une vie différente traversée de tensions.

## Intelligence collective : Rencontrer, comprendre et faire avec

Ce que cet ouvrage sur la prothétisation et les formes multiples de remédiations veut faire est à la fois modeste et très riche : il ne fait que « jeter un œil », mais, rien que par cela, il caractérise dans toute leur diversité les capacités et les incapacités liées à l'audition. Il nous invite surtout à bien savoir ce qui se passe pour *telle* personne. Il nous invite à tenir compte des contextes importants pour cette personne. Si on conjugue les capacités et les contextes, on retrouve le concept du handicap, c'est-à-dire le retentissement d'une incapacité dans une situation ; et on retrouve aussi la question des remédiations dans leurs multiples formes (sur l'incapacité, sur son retentissement, sur l'adaptation du contexte, etc.). D'où la nécessité d'un travail en finesse sur ces situations de vie qui peuvent être très diverses.

Pour cette raison, il était important d'avoir plusieurs contributions sur la question du *travail*, et il était crucial de réfléchir à la question du monde *familial*. Dans ces deux situations, l'un des enjeux majeurs est l'interface entre les entendants et les malentendants, avec un *partage* de la particularité. Beaucoup ont souligné le travail à faire pour comprendre la situation et l'importance de ses questions clefs : Qu'est-ce qu'il m'arrive ? Que puis-je faire ? Que vit-il/elle ? Comment faire ?

Parfois, la perte d'audition est venue de manière graduelle, repérée par un regard professionnel. Parfois ce sont les proches qui font remarquer la perte ou qui s'agacent. Parfois la première inquiétude est venue de soi-même. Comprendre la situation, c'est aussi, comme l'a fait Léa Weill, montrer comment on peut enseigner aux autres à établir une relation pertinente ; ou encore, par le témoignage d'Isabelle Hortolan et de Caroline Leduc : comment faire pour se parler dans un bureau et trouver des solutions pour effacer les obstacles ? Ce sont donc à la fois des explications de la part de la personne vis-à-vis des autres, et des discussions avec les autres sur ce que l'on peut faire, ce qu'on peut résumer par ce triptyque : *rencontrer*, *comprendre* et *faire avec*, et ce dernier peut tout à la fois dire : soigner, prothéser, coadapter, bidouiller, s'adapter à l'évolution, etc.

Pour un esprit curieux, ces choses peuvent être sympathiques par moment, parce que c'est un moment de rencontres humaines. Mais néanmoins, ces situations restent souvent pénibles, comme lorsque Christine Delcloy nous a parlé de son plaisir d'être libraire, et de ce moment pénible d'être prise en défaut dans sa jubilation professionnelle. D'où aussi tout un aspect *émotionnel* – et partagé – dans cette relation au monde. L'orthophoniste Anne-Marie Fluttaz disait ainsi que quand on fait un travail avec une personne, il est important d'accueillir les émotions, parfois intenses, de la personne, et qu'il est important de trouver une forme de plaisir professionnel et personnel à rencontrer, à faire la séance, et à aider. Puisqu'il est question de *plaisir* pour le professionnel et pour la personne, autant ne pas s'en priver. Quand on voit que les choses marchent un peu, voire marchent bien, c'est agréable, cela permet de compenser émotionnellement ce qui peut être pénible à vivre, sans parler du plaisir de la confidence. Dans la relation de remédiation, il convient donc de ne pas négliger l'aspect émotionnel et d'en faire une ressource qui permet d'aller de l'avant ou, à tout le moins, de mieux vivre, pour les un·e·s comme pour les autres.

Nous avons parlé de la clef de la rencontre. Cela signifie aussi que chacun·e a un ou plusieurs rôles à jouer. Dans ce rôle de chacun·e, l'aspect *coordination* est une autre clef. On s'aperçoit que les situations qui ont été décrites mobilisent toute une série de rôles humains, et font appel à un travail sur la coordination des professionnels de santé et des acteurs en général, y compris les patient·e·s et leurs proches ou leurs milieux professionnels.

Il s'agit donc d'un travail d'intelligence collective pour construire ensemble quelque chose de plus performant, de plus satisfaisant pour la personne et pour les autres. On peut aussi évoquer la notion d'*empowerment*, qu'on peut tenter de traduire par 'enpouvoirment', c'est-à-dire faire en sorte de mettre dans les mains de la personne certains éléments qui lui permettent de vivre mieux et de pouvoir agir. On l'a vu avec les audioprothèses à propos des réglages, ou encore dans la capacité à poser les bonnes questions, à ne pas hésiter à aller voir les professionnels. L'audioprothésiste Adrien Christophe disait qu'il ne fallait pas attendre le prochain rendez-vous en cas de difficulté.

## Cacher/montrer : prothèse-honte, prothèse-stigmate, prothèse-signe, prothèse-emblème

La prothèse elle-même n'est pas sans enjeux symboliques. Elle cristallise le handicap ; elle focalise le regard. Pour certain·e·s, elle va devenir une *prothèse-honte* ou une *prothèse-problème* et être le symbole d'une incapacité, vécue au moins en partie comme un échec. Pour d'autres, elle sera la marque d'une séparation avec autrui, une *prothèse-stigmate*[55]. Avec ces deux formes de vécus, on tentera plutôt de la refouler, de la refuser, de la cacher, de la rendre discrète ou de la fondre dans une sorte de mimétique déficiente du corps ordinaire.

Mais la prothèse peut aussi, lorsqu'elle est assumée, être une *prothèse-signe*, qui tente d'enseigner aux autres le type de relation qu'on peut établir. Alors elle joue le rôle d'un objet transitionnel social pour proposer une co-construction de la relation. Enfin, la prothèse, comme tout objet porté sur le corps, peut aussi avoir le statut d'accessoire, au sens où on utilise ce mot dans l'univers du soin des apparences ou de la mode. Objet porté, elle est une invitation à participer au travail d'ornementation de soi : *prothèse-accessoire, prothèse-emblème*. Ceci n'a rien d'anecdotique, car la personne qui la porte *se l'approprie et en joue*, allant bien au-delà du fait d'en tolérer la présence à des fins fonctionnelles. Avec la prothèse-signe et la prothèse-emblème, nous entrons dans des formes d'enpouvoirment manifestes, de maturité dans la façon d'être-avec-la-prothèse.

Bien sûr, ces quatre modalités peuvent coexister chez la même personne, au même moment ou dans des temps différents. On peut en avoir ras le bol de cette chose à tel instant, et à tel autre chercher à la décorer. On peut à la fois regretter de devoir la porter et, puisqu'on doit la porter, vouloir la porter de façon élégante. Travailler sur ces ambivalences est utile et gratifiant.

Est-ce qu'on cache, est-ce qu'on montre ? Si on cache, le handicap apparaît moins, mais il va resurgir indirectement par les retentissements

---

55  Cf. Goffman E. (1975). *Stigmate – Les usages sociaux des handicaps*, Paris, Éditions de Minuit.

réels de la situation de handicap. Si on montre, cela permet de s'adresser aux autres, cela peut donner un levier, un pont pour discuter et essayer de régler les choses. Dans certaines situations, il sera plutôt intéressant de cacher et dans d'autres de discuter, voire de former.

Lors du colloque, une publicité d'une firme suisse nous a été montrée : il s'agissait de commencer à faire sur les prothèses auditives ce qu'on a fait avec les lunettes. Les lunettes sont d'abord là pour la vue, mais elles sont aussi un accessoire dont on peut jouer, comme les vêtements, comme la coiffure. Plus encore : elles sont appréhendées, clairement, ouvertement, comme un élément du visage, comme un élément d'identité : la personne choisit une nouvelle façon de se poser face à vous, de se montrer à vous, de se signifier dans sa personnalité. Le soin apporté au choix d'une monture de lunettes est un moment composite où s'intègrent autant les questions pratiques que le travail sur la personnalité et son style. Alors, pourquoi ne pas le faire avec les audioprothèses, en les 'accessoirisant' davantage, en les 'customisant' ? Pourquoi ne pas proposer de faire avec ces prothèses-ci ce qu'on fait avec d'autres prothèses, ce qui a contribué à leur intégration sociale ? La tendance générale va dans ce sens. Les temps sont à l'exploration.

À Lausanne, lors du colloque « Être handicapé, devenir champion » plusieurs intervenant·e·s avaient montré à quel point l'image des sportifs paralympiques avec leurs lames de carbone avait transformé le regard. Les gens ont été fascinés. L'image encore courante du pauvre handicapé coincé qui faisait pitié – souvent pas très sainement – a été concurrencée par une image tenant du « tient, c'est intéressant... » ou du « wouah, c'est impressionnant ! » Il y avait une sorte de fascination, à la fois pour la personne ('il court plus vite que moi') et pour la technique ('quel style, quel design'). Cela m'a conduit à proposer une grande typologie sur le long terme, avec trois attitudes[56] : d'abord celle de la pitié et du « le pauvre, il ne peut pas... », ensuite celle de l'aide et du « néanmoins, il peut... », puis celle de la fascination et du « regarde ce qu'il peut... ! » Aujourd'hui, les trois attitudes coexistent et se télescopent. Elles ouvrent des portes, mais aussi des déceptions et des trompe-l'œil. Elles ont surtout le mérite de nous montrer que les cartes sont en train d'être rebattues. Chaque remédiation prothétique – lunettes, prothèses de jambe, prothèses dentaires, etc. – vit des mouvements qui peuvent être intéressants pour les autres remédiations prothétiques, à titre d'ouverture, d'analogie, de transposition, de coordination, de socialisation, d'enpouvoirment, etc. L'ouvrage que vous avez entre vos mains participe de cette vie et de cette redistribution des cartes.

---

56 Goffette J. (2017). « Prosthetic dreams: 'Wow Effect', mechanical paradigm and modular body – Prospects on prosthetics », *Sport in Society*, 1, 1-8.

Je remercie toutes les personnes qui ont contribué à ce volume et au passionnant colloque qui l'a précédé.

J'ai aussi une pensée particulière pour mon collègue Patrick Pajon, décédé bien trop tôt : je ne suis pas le seul à regretter ton esprit vif, amical et curieux.

Chacun va

Chantant sa différence

Et voulant la garder

Chacun ayant besoin

D'entendre d'autres chants

Pour être sûr du sien.

Guillevic
*Art poétique*, précédé de *Paroi*
et suivi de *Le Chant*
(Paris, Gallimard, 1990, p. 350)

# SOMMAIRE